幸せのタネをまくと、幸せの花が咲く

岡本 一志

イラスト 太田 知子

はじめに

幸せになりたい。

そう思ったら、まず、タネをまきましょう。


アサガオの種をまくと、アサガオの花が咲《さ》きます。

スミレの種をまくと、スミレの花が咲《さ》きます。

ヒマワリの種をまくと、ヒマワリの花が咲《さ》きます。

まいた種に応じて、花が咲《さ》くのは自然の法則なのです。

同じように、幸せのタネをまくと、幸せの花が咲《さ》きます。

あなたは、幸せのタネと、不幸せのタネ、どちらを多くまいていますか。

「どうせ、私はダメだから」

「どれだけ苦労しても報われない」

「誰《だれ》も、分かってはくれない」

と嘆《なげ》いている人は、幸せになりたいのに、幸せのタネよりも、不幸せのタネを、多くまいてしまっているのかもしれません。

私は、仏教講師として全国でセミナーを開催《かいさい》するかたわら、家庭や職場の人間関係、恋愛《れんあい》、勉強のしかたまで、さまざまな悩《なや》み事《ごと》の相談を受けてきました。メルマガやブログでもアドバイスを続けています。

すると、とても多くの方から、

「心が楽になりました」

「あきらめずに、頑張《がんば》る元気がわいてきました」

という喜びの声を頂くようになりました。

仏教には、「幸せな私」になる原因と結果の法則が教えられています。私は、その明快な法則を、その人その人の悩《なや》みに合わせて、分かりやすくお伝えしているだけなのです。

こんなことを言うと、

「仏教って、葬式《そうしき》や法事が仕事じゃないの？　私には関係ないと思っていた」と思う方が大半ではないでしょうか。

実は、お釈迦《しゃか》さまは、亡くなった人のために仏教を説かれたことはないのです。生きている人の、苦しみ悩《なや》みを根本から解決する教えを説き続けられたのがお釈迦《しゃか》さまなのです。

では、どうすれば幸せの花を咲《さ》かせることができるのか……。私がこれまでに出会った皆《みな》さんの悩《なや》みを通して、お話ししていきたいと思います。

平成二十四年三月

岡本　一志

幸せのタネをまくと、幸せの花が咲く　もくじ

1章　運命は、これから、いくらでも変えていける

「幸せな私」になる原因と結果の法則

2章 幸せのタネをまかなければ、幸せにはなれませんよ

幸せのタネと不幸せのタネ、どこが違うの？

なかなか芽が出ないけど私の仕事を認めてもらえる時がきっとくる！
頑張るぞ！

3章 皆から好かれる人もなく、皆から嫌われる人もない

自分に素直になれば、自分らしく生きられる

4章

無駄な苦労は一つもない。人によって早く咲くか、遅く咲くかの違いがあるだけ

あせらず、あわてず、花開くまで

私が苦手なのは挨拶
挨拶だけはしっかりやろう

5章 「誰も自分のことを分かってくれない」と、皆、苦しんでいる

相手の話を親身に聞くと、喜ばれる

6章 周りの人を思いやり、親切にすれば、必ず、自分も大事にされる

自分のことばかり考えていると、独りぼっちになる

お返しでーす
思いやり
ポーン

7章

あなたには、たくさんの、小さな優しさや思いやりが届けられている

支えられていることを知れば、感謝の心がわいてくる

毎日がありがとう

1章

運命は、これから、いくらでも変えていける

「幸せな私」になる原因と結果の法則

1

幸せへの一歩は、運のせいにしないところから
なんだかうまくいかないな……と思っても

私たちは、思いがけないことが起きた時、どんな気持ちになるでしょうか。

よいことだった時は、「私って運がいい」「俺《おれ》ってラッキー」と思うものです。

反対に、悪いことだった時は、「なんでこんな目にあうの？」「自分は悪くない。たまたま運が悪かったのだ」と思ってしまいます。

このように、私たちは思いがけないこと、つまり、考えてもよく原因が分からないことが起きた時、運とか偶然《ぐうぜん》だとか、たまたまという言葉を使います。

しかし、ここで少し考えてみてください。

「たまたま」「偶然《ぐうぜん》」を辞書で引くと、「原因なしに起きたこと」と書いてあります。けれど、「原因なしに何かが起きる」ということはあるのでしょうか。

仏教を説かれたお釈迦《しゃか》さまは、

「どんな結果にも必ず原因がある。原因なしに起きる結果は一つもない」

とハッキリと教えていかれました。

これを仏教で「因果の道理」といいます。「因」とは原因のこと、「果」とは結果のことです。「道理」とは、いつでもどこでも成り立つ普遍的《ふへんてき》な法則という意味です。

原因なしに起きる結果は絶対にないし、原因があれば必ず結果が生じる。これはいつの時代でも、どこに行っても変わらないことなのだとお釈迦《しゃか》さまは言われるのです。

平たい言葉でいいますと、

「まかぬタネは絶対生えないが　まいたタネは必ず生える」

ということです。

昔、種をまかなくても生えてくるメロンがあった……なんてことはありません。ブラジルには、種がなくても花を咲《さ》かせるヒマワリがある……なんてことも絶対にありません。

メロンが実ったのはメロンの種が必ずあったということ、ヒマワリの花が咲《さ》いたのはヒマワリの種が必ずあったということです。
同じように、どんな結果にも必ず原因（タネ）があり、原因なしに起きる結果は一つもないのです。

科学や医学の世界でも、結果には必ず原因があるという大前提があります。昔はかかれば間違《まちが》いなく死んでしまっていたような恐《おそ》ろしい伝染病も、その原因となる細菌《さいきん》を見つけ出すことで、治療方法《ちりょうほうほう》を発見しました。病気の原因があるからこそ、治すことができるのです。もし原因のない病気なら、防ぐことも治すこともできません。
飛行機や列車の事故が起きれば徹底《てってい》して原因を究明します。人命に関《かか》わることですから、その原因が分かるまで、徹底調査《てっていちょうさ》します。「たまたま、偶然《ぐうぜん》、原因なし」に事故が起きることはないからです。

私たちはうまくいかなかったり、望んでいた結果が出なかったりした時、「たまたま、偶然《ぐうぜん》だ」と言って、それ以上考えることをやめてしまいがちです。

でもそんな時、少し立ち止まって、「この結果の原因（タネ）は何だったのか」を考えることが大事なのです。そこに必ず、あなたを幸せにするヒントがあるのです。

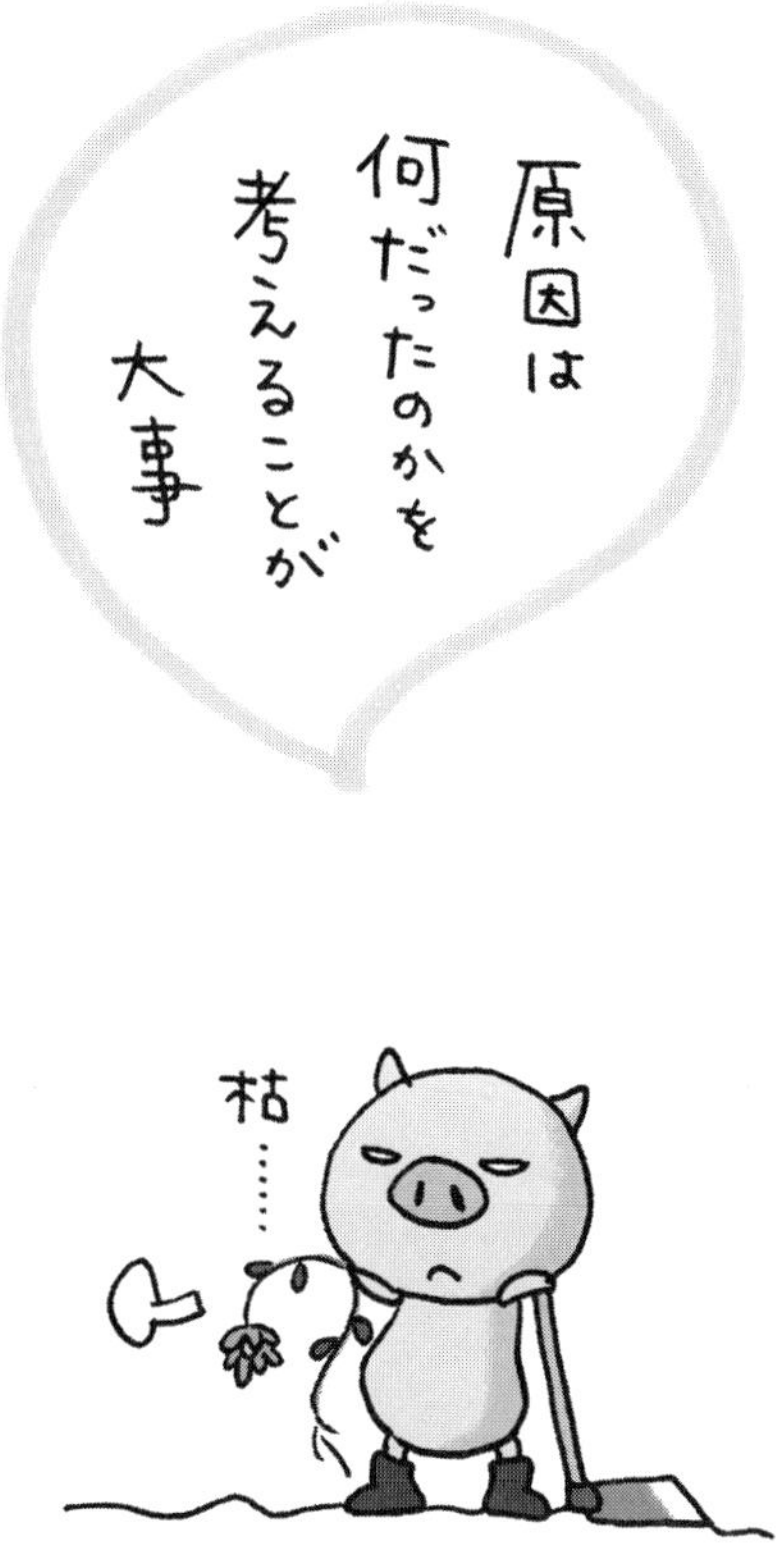

2

「運が悪い」とあきらめないで
日々の行いで、あなたの運命は変えていける

私たちは、人生において思いどおりにいかないと、「生まれつき運が悪いから」とか「私はそういう運命なんだ」と考えて、すぐあきらめてしまいます。

つまり、運とか運命のせいだと言って、原因から目をそらしてしまうのです。

物事がうまくいかないのは、果たして、生まれつきの運や運命のせいなのでしょうか。

もし、生まれついての運命が原因というのなら、一生、うまくいかない人生から抜《ぬ》け出《だ》せないことになってしまいます。

私のメルマガの読者である二十八歳の会社員の女性Aさんから、メールでこんな相談が届きました。

「最近、仕事がうまくいかなくて、仕事を変えようかと思っているんです。どうしていつもこうなっちゃうのかな、なんでついてないんだろう、運が悪いんですね」

という内容でした。

Aさんが悩《なや》みを直接聞いてほしいと希望していたので、電話で話を聞きました。

Aさんは事務の仕事で、確認ミスや計算ミスが多く、上司からよく注意されていました。それに加えて、ミスをしても素直に謝れなかったり、同僚《どうりょう》からフォローしてもらっても感謝の言葉がなかなか言えなかったりしたせいで、Aさんに対する周りの空気が冷たくなって、会社に居づらくなっているということでした。

ところが、そのことに触《ふ》れようとするとAさんは、

「そそっかしくて不注意なのは、生まれつきなんです」

「会社には、自分を分かってくれる人がいないし、自分を生かせる仕事も見つからない。出会いの運も仕事運もないいんです」

と言って、自分が失敗続きなのは、生まれつきそそっかしい性格で、運が悪いからだと、

運や性格のせいにするところから少しも動こうとしません。

そこで、私は、

「よく分かりました。だけど、ちょっと考えてみてください。あなたの仕事や人間関係の悩《なや》みが、生まれつきの性格や運のせいで、一生変えようがないのなら、あなたはこれから一生、ずっと同じことで悩《なや》み続《つづ》けなければならないということになりませんか」

と投げかけてみました。

すると、Aさんは、

「そうですけど……、それは嫌《いや》です」

と言われたので、

「やっぱり、嫌《いや》ですよね。じゃあ、あなたの、ついていない、運が悪いっていうのは誰《だれ》が決めたんですか」

と尋《たず》ねると、

「……私です」

と言われます。Aさんの考え方がちょっと変わってきたなと思ったので、

「あなたの性格は生まれつきで、変えられないものなのですか」

と先ほど言ったことを再び繰《く》り返《かえ》すと、

「いえ、やっぱり、努力すれば変えることができると思います」

と言われました。

「そうですよね、生まれつきの性格や運のせいにするのでなくて、これからどうしたら、同じことで悩《なや》まないように自分を変えていけるか、それを一緒《いっしょ》に考えてみましょう」

とAさんを励《はげ》ますと、

「分かりました。性格や運のせいにしても何も変わりませんもんね」

と打って変わって元気に答えてくれました。


Aさんだけでなく、私たちはうまくいかないと、「生まれつきだからしょうがない」とか「もともと運が悪いからだ」と思って、物事を投げ出してしまいがちです。

しかし、お釈迦《しゃか》さまは、

「生まれつき運がよい、悪いとは決まっていないのだよ。

運命はこれからいくらでも変えていけるのだよ」

と教えられています。

生まれつき
運のいい人、悪い人
とは決まっていない

運命は
自分の
行いで決まる

私たちの運命は何によって決まっているのか、そして、どうすれば幸せな運命にしていけるのかというお釈迦《しゃか》さまの教えを、私がこれまで出会ったいろんな方々の悩《なや》みを通して、お話ししていきたいと思います。

3

自分が悩み、苦しんでいるものは何？

原因がハッキリすると、悩みは解消する

お釈迦《しゃか》さまは三十五歳で仏のさとりを開かれた時に、

「人生は苦なり」

とおっしゃいました。

みんなから「あの人は楽しそう、何の悩《なや》みもなさそう」と思われている人もいます。しかし、お釈迦《しゃか》さまは、「そんな人でも、実は苦しんでいる。悩《なや》み苦しみのない人なんて誰《だれ》もいないのだよ」とハッキリ見抜《みぬ》かれているのです。

私はブログやメルマガの読者などから、いろんな悩《なや》みの相談を受けることがあります。家庭や職場での人間関係から、恋愛《れんあい》、勉強のしかた、時には、生きる意味が分からなくなったというとても深刻なものもあります。

そういう方の悩《なや》みを聞いている中で、分かったことがあります。それは、悩《なや》みというのは、自分が何に悩《なや》んでいるのかがハッキリすれば、ほとんど解消されるということです。

逆に、自分が何に悩《なや》んでいるのか、悩《なや》みの原因が分からないから、必要以上に不安になったり、腹を立てたり、疑心暗鬼《ぎしんあんき》になったりしてしまうのです。

例えば体調が悪い時、自分が何の病気なのか分からないとますます、不安になります。ひょっとしたら深刻な病気じゃないだろうかと悪い考えが頭をめぐってきます。

そんな時、病院に行って診察《しんさつ》を受けて、胃炎《いえん》だとハッキリすると、もう、あれこれと思《おも》い悩《なや》む必要はなくなります。あとは、治療《ちりょう》だけです。

話を聞きながら、相手の方が何に悩《なや》んでいるかを整理していくと、それだけでパッと道が開けることがよくあります。こんなことがありました。

あるお母さんから、中学三年生になる子供が最近、不登校ぎみだという相談を受けました。実際に、その方のお宅に伺《うかが》って、その子供さんと話をすることができました。世間話で仲良くなった後、

「最近、学校はどう、楽しい？」

と聞いてみました。

「あんまり楽しくない」

と蚊《か》の鳴くような声で答えたので、

「そうなんだ、でも何もかもつまんないわけじゃないよね、楽しいこともあるんじゃない？」

「クラブ活動は楽しい」

「そうなんだ、何部に入っているの？　そうか、楽しそうだね。じゃあ何が嫌《いや》なの？」

「数学が嫌《いや》だ……」

とその子の悩《なや》みを聞いていくと、数学が特に苦手で授業がさっぱり分からないので、学校に行くのがつらくなってしまっていたのです。

どこが分からないのかをよく聞いていくと、小学校で習った分数の計算が理解できないまま中学生になっていたことが分かりました。しかも、そのことを恥《は》ずかしくて誰《だれ》にも言えなかったのでした。

そこで、

「学校が嫌《きら》いなんじゃなくて数学が嫌《いや》だったんだね。でも数学全部が分からないのでなくて、分数の計算につまずいていただけなんだよ。そこだけ分かれば、全部、好きになるから、だまされたと思って、次に会う時までにこれをやっておいてね」

と言って分数の計算ドリルをプレゼントしました。

後日、お母さんから聞いたのですが、その子は真面目《まじめ》にドリルをやって、数学の成績がぐっと伸《の》び、当初は高校進学も心配されていたのに、立派に進学できたそうです。

私たちは一つ嫌《きら》いなことがあると、全部が嫌《いや》になることがあります。

でもそれは、一本の木が嫌《きら》いだからといって、その木が生えている山全体が嫌《いや》になって、その山にあるモミジやクリやシイタケ、ドングリ、小川のせせらぎ、鳥のさえずり、たくさんの素敵なものを捨ててしまうようなもったいないことです。山全体が嫌《きら》いなのではなく、一本の木が嫌《きら》いなだけだと分かれば、全部を捨てなくても済みます。

悩《なや》んでいる時、少し落ち着いて自分が何に悩《なや》んでいるのかを振《ふ》り返《かえ》ってみましょう。

なんだ、こんなことに悩《なや》んでいたのかと気持ちが軽くなって、解決の方法がハッキリして目の前が開けるものです。

4

「自分の運命はどうなるのだろう？」

不安になった時、心の支えはありますか

私たちはみんな幸せになりたいです。不幸になりたい人なんて誰《だれ》もいません。

仕事を選ぶ時でも、「この仕事なら自分が幸せになれるだろう」と思って決めます。結《けっ》婚《こん》する時は、「この人となら幸せになれるだろう」と思って結《けっ》婚《こん》します。

でも、人生はうまくいく時もいかない時もあります。一体、私たちの幸せ、不幸せは、何によって決まるのでしょうか。

仏教を説かれたお釈迦《しゃか》さまは、私たちの幸せ、不幸せを決める法則を、ハッキリと教え

られています。

その法則を一言で言われたのが、「自業自得《じごうじとく》」という有名な仏教の言葉です。

自業自得《じごうじとく》というと何か悪いことが起きた時だけに使うことが多いようです。

例えば、全く勉強せずに遊びほうけていて、留年をしてしまった学生に対して、

「勉強しなかった君の自業自得《じごうじとく》でしょ」

と言います。酒を飲みすぎて二日酔《ふつかよ》いになってしまった人が、

「飲みすぎた。自業自得《じごうじとく》だ」


と自分で言ったりします。

このように、うまくいかなかったり、ひどい目にあったりした原因が、元をただすと自分の行いにあったと分かった時、「自業自得《じごうじとく》」と言います。


しかし、自業自得《じごうじとく》の本当の意味からいうと、悪いことが起きた時だけが自業自得《じごうじとく》ではありません。善《よ》い結果が起きた時も自業自得《じごうじとく》なのです。

自業自得《じごうじとく》の「業《ごう》」とは、カルマという昔のインドの言葉を漢字で表したものです。日本語では、行為《こうい》、行いという意味です。ですから、「自業自得《じごうじとく》」は、自分の行いの結果を自

分で得る、という意味なのです。

自分の行いの結果は、自分に返ってきます。

自分が一生懸命《いっしょうけんめい》勉強すれば、自分の成績が上がります。お酒を控《ひか》え、食生活にも気をつけていれば、自分の体が健康になります。これらは、自分の行いが自分に返ってきたのですから、自業自得《じごうじとく》なのです。

つまり、

「あなたの幸せ、不幸せを決めているのは、あなたの行いなのだよ」

とお釈迦《しゃか》さまは教えられています。

これが自業自得《じごうじとく》という言葉の本来の意味なのです。

「自分の行いが自分の運命を決める」というのはお釈迦《しゃか》さまだけではなく、昔からいろいろな格言や名言でもいわれていることです。

一例を挙げると、「人は努力を裏切るが、努力は人を裏切らない」という言葉は、あなたが行った努力は他の誰《だれ》のところにも行かず、必ずあなたに備わるという意味です。

私たちは物事が思いどおりにいかなかったり、苦しいことや失敗が続いたりしてしまうと、なんで俺《おれ》だけ、私だけこんな目にあうのだろう、頑張《がんば》ってもどうせダメだと投げ出したい気持ちになってしまいます。

けれど、お釈迦《しゃか》さまは、

「自分の行いは間違《まちが》いなく自分に返ってくる。

あなたの行いは、あなたを裏切らないのですよ」

と言われています。だから、自分の行いを信じて頑張《がんば》れば、必ず道は開けるのです。

自分の運命はどうなるのだろうと不安に思った時、このお釈迦《しゃか》さまの教えをものさしにしてください。

幸せに
なれるかどうかは
自分次第
ダヨ！
この人は私を
幸せに
してくれるかしら
……？
さあ
どうでしょ

5

「今の私」は、生まれつき？
自分の行いが、自分の明日を変えていく

知人や友達《ともだち》を見ると、自分にはないものが目について、うらやましく思うことがあります。「どうして自分は、いつもこうなんだろう。もっと違《ちが》う自分になりたい」「自分の考え方を変えたい」と思うことは、誰《だれ》にでもあるはずです。

ところが、なかなか変われずに悩《なや》んでいる人は多いですし、この性格は生まれつきだから、自分ではどうにもならない、とあきらめてしまっている人も多いようです。

でも、「今の私」は生まれつきで、絶対に変わらないものなのでしょうか。

仏教を説かれたお釈迦《しゃか》さまは、「固定不変の私というものは存在しない」と教えられま

した。固定不変とは、生まれつき決まっていて、変わらないという意味です。
「生まれつき変わらない私はない」のですから、「私」というものは、常に変わり続けているのです。

実際に「私」というものは、毎日毎日、変化しています。一日、一日だと、小さい変化なので、気がつかないのですが、五年、十年と時間がたつとハッキリ変わっていることが分かります。

例えば、昔は魚が嫌《きら》いでも、今ではけっこう、好きになったということはよくあることです。昔は、ハードロックが大好きでも、今では、あんまり関心がなくなったということもよく聞きます。学生時代は、朝が苦手でも、早朝の仕事についたため、すっかり、朝型人間になってしまう人もあります。このように、「私」というのは、変化しています。

一般《いっぱん》に「習慣が人をつくる」といわれます。習慣とは日々のその人の行いがその人の身についたものですから、日々の行いが目に見えない力となってその人を作っていくということですね。

具体的に振り返ってみると、遅刻《ちこく》や、忘れ物、確認ミスが多いという人は、いつも行動がぎりぎりになっていて余裕《よゆう》がない人がほとんどです。直前になって移動したり、動きだしたりしますから、結局、遅《おく》れたり、必要な物を持っていくのを忘れたりしてしまいます。逆に、ふだん余裕《よゆう》を持って行動する習慣が身についている人は多少、渋滞《じゅうたい》や、電車が止まっても、約束の時間に間《ま》に合《あ》いますし、忙《いそが》しい時でも落ち着いて行動できるので、ミスや、やり直しがありません。あの人に任せれば大丈夫《だいじょうぶ》と周りから信頼《しんらい》されます。

遅刻《ちこく》や忘れ物が多いかどうかは、生まれつきの性格だからどうにもならないのではなくて、これまで、その人がやってきた行いの積み重ねによるものなのです。ということは、これからの行いを変えていけば、誰《だれ》でも遅刻《ちこく》や忘れ物をしない自分に変わっていけるということです。

自分の考え方のクセを自覚したり、違《ちが》った視点から物事を見てみたり、自分とは違《ちが》う発想に触《ふ》れたりすることによって、なりたい自分に変わることができるのです。

ちょうど、滝《たき》を遠くから見ると、一枚の布を垂らしたように変わらない姿に見えるかもしれませんが、近づいて見てみると、滝《たき》の水は、一瞬一瞬《いっしゅんいっしゅん》、ものすごい勢いで流れて変化しています。「一秒前の滝《たき》」と「今の滝《たき》」と、「一秒後の滝《たき》」とでは全く違《ちが》います。

同じように「私」も、「生まれついてずっと変わらない私」があるように思うかもしれませんが、毎日の行いによって変わり続けています。

変われない自分はないのです。

幸せな私になるには、どんな行い（タネまき）をすればいいのか、お釈迦《しゃか》さまから学んでいきたいと思います。

前向きな発想を
心掛けているうちに……

大丈夫、大丈夫
心配することない
あれもきっと
できるようになるし
これもうまくいく

今日も
素晴らしい
一日!!

本当に
前向き人間になった

6

「運命は決まっている」というのは、あなたを不幸にする考え方です

私たちの運命は、何か超越的《ちょうえつてき》な存在が決めて支配しているのでしょうか?

それとも、運命は生まれつき決まっていて変えることはできないのでしょうか?

こういうことは、ふだんはあんまり考えないことかもしれません。

ところが、頑張《がんば》ってもうまくいかないことが続くと、「自分は不幸の星のもとに生まれたんだ」と自虐的《じぎゃくてき》になってみたり、「これも定めだ、しかたがない」とあきらめてしまったり、苦しい時の神だのみで、何か超越的《ちょうえつてき》な存在にすがろうという気持ちになったりしてしまうことがあります。

果たして運命は何かが決めて支配しているのでしょうか？　生まれついて、もう変わらないものなのでしょうか？

これについて、昔から、運命論とか決定論といわれて、「運命は生まれた時にすでに決まっている」という考え方があります。

明日、何時から雨が降るのかもすでに決まっている。

努力に関係なく、目指す大学に受かるかどうかもすでに決まっている。

自分が結婚《けっこん》できるかできないかも生まれた時から決まっている。

結婚相手《けっこんあいて》もすでに決まっている……、という考え方です。


今から二千六百年前、インドで仏教を説かれたお釈迦《しゃか》さまは、この「運命は生まれた時に決まっている」という考えを宿作外道《しゅくさげどう》と言われて徹底的《てっていてき》に排斥《はいせき》されました。

外道《げどう》とはもともと仏教の言葉で、真理から外れた教えという意味です。

なぜ、お釈迦《しゃか》さまが「運命は生まれた時に決まっている」という考えを外道《げどう》と言われたのかというと、人間を不幸にする考え方だからです。

なぜなら、もし運命が最初から決まっているとしたら、私たちが努力したり頑張《がんば》ったりすることは、全く無意味になってしまいます。だから、「努力しよう」「頑張《がんば》ろう」という気持ちが出てくるはずがありません。

「努力するかどうかも、すでに決まっているのだ」と言う人がいるかもしれませんが、「努力することも最初から決まっている」なんて言われたら、ますます「頑張《がんば》ろう」という気持ちはわかないでしょう。

だから、お釈迦《しゃか》さまは、「全《すべ》ては生まれた時に決まっている」という考え方を、人間を無気力でダメにする考え方である、と否定されています。

そして、

「私たちの運命は、自分の行いによっていくらでも変えていけるのだよ」

と教えられたのです。

実際に、「運命はすでに決まっているんだ」と言っている人でも、試験前夜になれば勉強します。勉強という行為《こうい》が、明日の試験の結果を変えると信じているからです。

病気になると、病院に行きます。治療《ちりょう》を受けるという行いが、病の快復につながると信じているからです。

つらくても、リストラされないように会社に行きます。真面目《まじめ》に出勤して働くことが、自分の生活の安定を生み出すことを信じているからです。

本当に運命は決まっているのなら、勉強しても、病院に行っても、真面目《まじめ》に働いても、結果は変わらないのですから、やるだけ無意味になってしまいます。

でも、誰《だれ》もそんなことを思って生きてはいません。

みんな自分の行いが自分の明日を変えていくと信じて生きています。

そして、それは間違《まちが》いのないことなのです。

では、私たちの行いは、どのようにして人生の「幸せ」「不幸せ」を生み出すのでしょうか。次の章では、お釈迦《しゃか》さまの説かれた運命の原因と結果の法則をお話ししていきましょう。

ゴチャゴチャ言ってないで早く直すの手伝ってよ！
こうなる運命だったんだしかたない

2章

幸せのタネをまかなければ、幸せにはなれませんよ

幸せのタネと不幸せのタネ、どこが違うの？

1 私たちは、心と口と体で、毎日、たくさんのタネをまいている

春が訪れると、農家では田植えの準備が始まります。大事なのは、モミダネをまいて苗《なえ》を育てること。田を耕して、水を張ると、一晩にして、田んぼが青空を映した鏡のような水田に変わります。田植え、肥料まき、草取りに汗《あせ》を流し、風水害などから大事な稲《いね》を守り育てていきます。

そして秋には、辺り一面が稲穂《いなほ》で黄金色になります。

農家の方がモミダネをまいたことも、汗《あせ》を流して一生懸命《いっしょうけんめい》、田植えをした苦労も、実りの秋になると、報われます。

けれど、タネまきをしているのは農家の方だけではないのです。私たちも毎日、たくさんのタネをまいているのだとお釈迦《しゃか》さまはおっしゃっています。

どういうことかといいますと、お釈迦《しゃか》さまは、私たちの体の行いや、口でいろいろしゃべる行いや、心でいろいろ思う行いのことをタネと言われています。

「一生懸命《いっしょうけんめい》、練習する」「運動を心掛《こころが》ける」「掃除《そうじ》をし、部屋《へや》を片づける」「笑顔《えがお》で接してみる」「約束を守る」「相手の話を聞く」というのは体でタネまきをしているということです。

「気持ちのいい挨拶《あいさつ》をする」「ありがとうとお礼の言葉を言う」「相手の長所を発見して褒《ほ》める」。これは、口のタネまきです。

「自分を責めないようにする」「思いやりの気持ちを持つ」「感謝の心を忘れないようにする」。これは、心によるタネまきです。

もちろん、ここに挙げたことだけでなく、体や口や心でやったり、言ったり、思ったりしたこと全部をタネと言われていますから、私たちは、日々、いろんなタネまきをしていることになります。

私たちは一生懸命《いっしょうけんめい》努力しても、思ったとおりの結果が出なければ努力は無駄《むだ》になったと思います。入学試験や資格試験に向けて頑張《がんば》っても不合格になってしまうと、無駄《むだ》な苦労だと思って頑張《がんば》ったことを後悔《こうかい》してしまうこともあります。

しかしお釈迦《しゃか》さまは、田んぼにまいた種がやがて実を結び、自分に返ってくるように、

「あなたのまいたタネは、まだ、芽が出ていなくても、必ず、実を結ぶのだよ」

と言われています。だから、無駄《むだ》になる努力も苦労も何一つないのです。

まかぬタネは絶対に生えないが、まいたタネは必ず生えます。

お釈迦《しゃか》さまは私たちにどうしたら幸せになれるのか、幸せになるタネとは何かを教えていかれました。

これから、皆《みな》さんと一緒《いっしょ》に幸せのタネまきをしていきましょう。

体と口と心で
毎日たくさんの
タネを
まいています
心
モヤモヤ
口
ペラペラペラペラ
体
その結果は……？

2

タネが花を咲かせ、実をつけるように、あなたの行いが、幸せ、不幸せを生み出す

仏教では、私たちの行いのことを、業種子《ごうしゅうじ》ともいわれます。

「業《ごう》」とは、私たちの行いのことです。

「種子《しゅうじ》」とは文字どおり、タネということです。

お釈迦《しゃか》さまは、私たちの行い（業《ごう》）は、ちょうど、種子のようなものなのだと言われ、私たちの行いをタネに例えられています。


なぜ、行いをタネに例えられているのでしょうか。

それは、種が花となり、実となるように、私たちの行いが、幸せや不幸せという運命を生み出すからです。

平成十七年、兵庫県相生市の路上のアスファルトから奇妙《きみょう》な物が生えてきました。雑草かと思いきや次第に大きくなり、ポッコリと白い頭を出したのです。すごいすごいと話題になり、大根でした。アスファルトを突《つ》き破《やぶ》って大根が出てきた。相生市の名物になったそうです。ど根性大根「大ちゃん」と命名され、相生市の名物になったそうです。

アスファルトの下にあった大根の種が、硬《かた》い路面を突《つ》き破《やぶ》って芽を出す、その生命力に多くの人が心を打たれ励《はげ》まされたのですが、すごい力を持っているのは大根の種だけではありません。

私たちの行いには、幸せ、不幸せという運命を生み出す力があるのだとお釈迦《しゃか》さまは説かれています。

行いが運命を生み出す力を仏教で「業力《ごうりき》」といわれます。私たちが体や口や心で、やったり言ったり思ったりした行いは業力《ごうりき》となって、消えずにその人に蓄《たくわ》えられます。

誰《だれ》も見ていない所でも、真面目《まじめ》に頑張《がんば》れば、それは消えずに力となって、あなたに蓄《たくわ》えられます。

思いやりの気持ちを込《こ》めて、優しい言葉を相手にかければ、それも、目に見えない力となってあなたに蓄積《ちくせき》されます。

あきらめずに頑張《がんば》るぞと心の中で自分に言い聞かせたことも、力となって残ります。

逆に、誰《だれ》も見ていない所で、いいかげんなことをする。これも力となって、その人に残りますし、後ろ向きなことを言ったり、相手を傷つけるようなことを言ったりすれば、それも業力《ごうりき》となってその人に宿るのだとお釈迦《しゃか》さまは教えられています。

種がいろんな花を咲《さ》かせるように、この業力《ごうりき》がタネとなって幸せや不幸せという運命を生み出しますから、私たちの行いのことを、業種子《ごうしゅうじ》といわれているのです。

タネをまかなければ、何も生えてきません。

だから、「幸せになりたければ、幸せのタネまきをしなさい」とお釈迦《しゃか》さまは言われます。

ゴマ粒《つぶ》のような小さな種が、見上げるような巨木《きょぼく》になるように、
吹《ふ》けば飛ぶような種が硬《かた》い地面を突《つ》き破《やぶ》って芽を出すように、
何千年前の地層から発見された種でも水や土に触《ふ》れると花を咲《さ》かせるように、
私たちの行いには、幸せや不幸せを生み出すものすごい力があるのです。

3

勉強せずに、腕立て伏せを一日何百回やっても、成績は上がりません

幸せ不幸せという運命は一体、何によって決まるのでしょうか？
お釈迦《しゃか》さまは、運命の原因と結果の法則を
「善因善果《ぜんいんぜんか》　悪因悪果《あくいんあっか》　自因自果《じいんじか》」
と教えられています。

「善因善果《ぜんいんぜんか》　悪因悪果《あくいんあっか》」とは、善《よ》いタネからは善《よ》い結果、悪いタネからは悪い結果が引き起こるということです。

タネとは、私たちの行いのことです。

ですから、

善《よ》い行いからは、幸せという結果が起こります。これが「善因善果《ぜんいんぜんか》」です。

悪い行いからは、不幸せという結果が起こります。これが「悪因悪果《あくいんあっか》」です。

ダイコンの種をまけばダイコン、スイカの種をまけばスイカが出てくるように、善《よ》い行《こう》為《い》からは善《よ》い結果、悪い行為《こうい》からは悪い結果が現れる。つまり、まいたタネ（行い）に応じた結果が現れるのですよ、ということです。

例えば、あなたが優しい表情やまなざしを心掛《こころが》けていると、あの人は感じのいい人だな、優しそうな人だなと思われ、周囲の人から好かれたり慕《した》われたりします。周りを思いやるあなたの行いが、好かれる、慕《した》われるという結果となって現れるのです。

逆に、いつも機嫌《きげん》の悪そうな表情をしていると、誰《だれ》も近づいてこなくなります。これも、自分の行いが自分に返ってきただけなのです。

健康になりたい時は、健康になるタネをまかなければ、健康という結果は得られません。健康医学に関する本を何十冊読んでも、不規則な食生活を続けていれば、健康にはなれないでしょう。

試験の成績を上げたければ、勉強をしなくてはいけません。勉強をせずに、腕立《うでた》て伏《ふ》せや腹筋を一日何百回やっても、成績が上がるという結果を生み出しません。

私たちの行いに応じた結果しか返ってこないのです。


次にお釈迦《しゃか》さまが言われた「自因自果《じいんじか》」とは、自分のまいたタネは、自分が刈《か》り取《と》らなければならない、ということです。

自分が勉強すれば自分の成績が上がるように、自分のやった行いは、自分に全部返ってくるのですよ、とお釈迦《しゃか》さまは言われています。

まとめますと、

「幸福という運命は、善《よ》い行いが生み出したものです（善因善果《ぜんいんぜんか》）。

不幸という運命は、悪い行いが引き起こしたものなのです（悪因悪果《あくいんあっか》）。

自分の運命の全《すべ》ては、自分のまいたタネが生み出したものなのですよ（自因自果《じいんじか》）」

とお釈迦《しゃか》さまは教えられているのです。

壁《かべ》に向かって優しい球を投げれば、優しい球が返ってきます。反対に、壁《かべ》に向かって思いっきり強い球を投げつけると、勢いよく自分に跳《は》ね返《かえ》ってきます。

あなたに向かって飛んでくるボールの勢いは、あなたが投げたボールの勢いが、あなたのところに返ってきただけなのです。

ですから、優しいボールが欲しければ、まず、あなたが優しいボールを投げなければいけません。

因
ブー
ブーくん感じ悪い
果
因
うさちゃん
だーい好き♡
果

因
因
$\int_0^{\infty} \frac{\sin x}{\sqrt{x}} dx$
π=3.14
1592……
$\sqrt{\frac{\pi}{2}}$
フン!
果
果

4

思ってもみなかった芽が出てきた時は、過去にどんなタネをまいたかを振り返ってみよう

私たちは、思いがけないトラブルが起きると、「なんでこんな目に自分があわなければならないの？」と頭を抱《かか》えたり、「こんなはずではなかった」と自暴自棄《じぼうじき》になったりしがちです。そんな時、お釈迦《しゃか》さまは、

「因果の道理をあきらかに見なさい」

と教えられています。

因果の道理とは、どんな結果にも必ず原因がある、ということでしたね。これはいつの時代でも、どこに行っても変わらない真理です。

だから、問題が起きた時でも、まず心を落ち着けて、「このようなことが起こった原因は何だろう」と振《ふ》り返《かえ》ってみることが大切なのです。

問題の原因が見えてくれば、今の状況《じょうきょう》を改善する手立てを考えて対処することができますから、今後は、同じ問題が起きることを防ぐことができるようになります。

思いがけないことも、過去のあなたの「行い」が原因となっている、というのがお釈迦《しゃか》さまの教えです。ですから、「たまたま、偶然《ぐうぜん》、運が悪かった」「どうしようもない、しかたがなかった」とあきらめるのではなく、もっと本質的な原因をまっすぐ見ることが大事なのです。

「因果の道理をあきらかに見なさい」というお釈迦《しゃか》さまの教えは、物事をあきらめるのではなくて、「原因をあきらかに見なさい」ということです。

あ〜あ
サイフ落としちゃった。
ついてない
あきらめよう

あきらめる人

あの時急いでいたから
置いてきちゃったんだわ
これから
場を離れる時は
必ず振り返って
確認しよう

あきらかに見る人

5 なかなか結果が出ない時は、定期預金をしていると思えばいい

頑張《がんば》って努力しても、なかなか結果が返ってこないと、無駄《むだ》な努力をしてしまったと落《お》ち込《こ》んでしまいます。こんなことならやるのではなかったと、頑張《がんば》ったことを後悔《こうかい》もします。

作物でも、種によって早く実を結ぶものと、遅《おそ》く実を結ぶものがあります。

例えば、米は種をまいたその年に実ります。麦はその翌年に実をつけます。

「桃栗三年柿八年《ももくりさんねんかきはちねん》」ということわざがあるように、実を結ぶまでに三年も八年もかかるものもあります。

私たちの「行い」も同じです。

仏教では、すぐに結果となって現れる行いを「順現業《じゅんげんごう》」といいます。しばらくしないと結果が現れない行いを「順次業《じゅんじごう》」といいます。だいぶ後になって現れる行いを「順後業《じゅんごごう》」といいます。

先ほどの作物に例えると、順現業《じゅんげんごう》はまいたらすぐに実をつける米のタネです。順次業《じゅんじごう》は翌年に実をつける麦のタネです。順後業《じゅんごごう》は三年や八年たたないと実をつけない桃《もも》、栗《くり》や柿《かき》のタネです。お釈迦《しゃか》さまは、

「早く実を結ぶ行いもあれば、遅《おそ》く実を結ぶ行いもある。まいたタネは必ず実を結ぶから、早い遅《おそ》いは気にせずタネまきを心掛《こころが》けなさい」

と教えられました。

とはいうものの、私たちは目先のことばかり考えがちですから、すぐに結果が出るものばかりに目が行ってしまいます。でも、すぐに結果が出るものこそ、注意が必要なのです。

例えば、「三日で十キロやせるダイエット法がある」と聞くと、つい飛びついてしまう

人があります。でもよく考えてみてください。三日で十キロやせるダイエット法なんて、仮にできたとしても、極めて健康にはよくないはずです。さらに、すぐリバウンドしてしまうおそれもあります。

でも、例えば半年かけて食生活を改善して、体重を無理なく確実に落としていけば、健康にもよいでしょうし、そう簡単に元には戻《もど》らないでしょう。

なかなか結果が出ないなと思う時は、定期預金をしていると思えばよいでしょう。手元にお金が戻《もど》ってくるのに多少時間がかかります。しかし、その分多めに利子がついてお金が戻《もど》ってきますね。

タネをまいた後に、無理やり出てこい、出てこいと有害な化学肥料をまいて、強引に発芽させようとしなくてもいいのです。無理やり出した結果は、長続きしないものです。花にも遅咲《おそざ》き、早咲《はやざ》きがあるように、あなたの行いにも早く咲《さ》くものもあれば、遅《おそ》く咲《さ》くものもあります。

まいたタネは必ず生えるので、焦《あせ》らず確実にタネをまいていきましょう。

なかなか
芽が出ないけど
私の仕事を
認めてもらえる
時が
きっとくる！

6

どんな人と出会うか、どんな環境に身を置くかで、人生はガラリと変わる

米というのは、モミダネから苗《なえ》を作り、苗《なえ》が稲穂《いなほ》となってできるのですから、モミダネがなければ、そもそも米はできません。モミダネは、米の絶対に必要な原因です。

では、モミダネだけで米になるかというと、そうではありません。

モミダネを机の上にまいても米にはなりません。

モミダネという「因」に土や水、太陽の光が加わって初めて、米という「結果」になるのです。

このように、「因」が「結果」になるのを助けるものを仏教で「縁《えん》」といいます。

お釈迦《しゃか》さまは、

「因だけでは結果は生じない。因と縁《えん》とが結びついて初めて結果になるのだよ」

と教えていかれました。

同じ因でも、縁《えん》が違《ちが》えば、結果は異なります。例えば、同じ品種のモミダネを使っていても、土壌《どじょう》の善《よ》し悪《あ》し、田んぼの手入れの善《よ》し悪《あ》しといった環境《かんきょう》の違《ちが》いによって、できる米の量や質は変わってきます。縁《えん》が変われば結果も変わるのです。

ですから、お釈迦《しゃか》さまは、よりよい縁《えん》を選びなさいと教えられました。

なぜなら、私たちの心は弱く、ちょっとした縁《えん》でコロコロと変わるからです。

朱《しゅ》に交われば赤くなるといわれるように、周りにいる人や環境《かんきょう》などの縁《えん》に大きく影響《えいきょう》を受けてしまうからです。

どんな人と交わるか、どんな環境《かんきょう》に身を置くかで、これからの人生も変わってきますから、周りにいる人や環境《かんきょう》という縁《えん》はとても大事です。

「孟母三遷《もうぼさんせん》の教え」ということわざは、縁《えん》がいかに大切かをよく物語っています。

中国の有名な思想家、孟子《もうし》は、少年時代、墓場の近くに住んでいました。学業はそっちのけで、葬式《そうしき》ごっこをして遊んでばかりだったので、母親は見るに見かねて商店街に引《ひ》っ越《こ》しました。

すると、「今日はいくら損した得した」という商人の会話を聞いて育ちました。孟子《もうし》に家事を頼《たの》むと、「時給いくら？」と言ってきたり、損得勘定《そんとくかんじょう》で動いたりするようになってきました。

子供の頃《ころ》から損得だけで動く人間になってはいけないと心配した母親は、ついに学校のそばに引《ひ》っ越《こ》しました。すると、周りには勉強熱心な友達《ともだち》も多く、学校の先生も近くに住んでいたので、孟子《もうし》は一生懸命《いっしょうけんめい》に勉強するようになったという話です。

孟子《もうし》という人は、今日《こんにち》でも教科書に出てくるような人ですから、もともととても優秀《ゆうしゅう》な人だったと思いますが、もし学校のそばに引《ひ》っ越《こ》さなければ、歴史に名を残す思想家にはなっていなかったと思います。

私たちはどんな人に出会うかで人生がガラリと変わります。

自分に自信がなくても、自分を理解して励《はげ》ましてくれる人に出会えば、人生は好転します。逆に、才能や能力に恵《めぐ》まれていても、努力を軽視する環境《かんきょう》にいれば、せっかくの才能を生かせないまま、一生を送ってしまいます。

あなたの能力や才能を生かし、よい結果を手に入れるためには、今いる環境《かんきょう》が自分にとってよいかどうかを考えてみましょう。

よい環境に
身を置くことも
大切です

3章

皆から好かれる人もなく、皆から嫌われる人もない

自分に素直になれば、自分らしく生きられる

1

「よく見られたい」という見栄が、あなたを生きづらくさせている

英語で人間をpersonといいますが、その語源はラテン語のペルソナからきているそうです。ペルソナとは仮面という意味ですから、人間とは仮面をかぶっている生き物であるということでしょう。

高校の英語の授業でこのことを初めて知った時、私は大変な衝撃《しょうげき》を受けました。というのも、当時の私は、親や学校の先生、同級生、先輩《せんぱい》に対して、それぞれどのように自分の顔を使い分ければいいいか、とても悩《なや》んでいたからです。

私たちはいろいろな自分を、いろんな人の前で演じています。例えば……。

親の前ではよい子でいたい。

友達《ともだち》には一目置かれたい、面白い人だと思われたい。

先生には好印象で覚えられたい。

彼氏、彼女の関心をずっと保ち続けたい。

上司・同僚《どうりょう》の前では有能だと思われたい。無能だと思われたくない。

部下や後輩《こうはい》からは足元を見られたくない、尊敬されたい。

近所の人や子供の前ではよい父親、よい母親でいたい。


こうした願望は、「よく見られたい」という私たちの「見栄《みえ》」なのです。そして、この見栄《みえ》を満たすために、私たちは場所や相手によって、いろいろな仮面をかぶり分けているのです。


いろいろな仮面を使い分けられるようになると、「大人になった」といわれます。

でも、見栄《みえ》を張ってあまり仮面をかぶりすぎると、素顔の自分が分からなくなります。

自分の素顔が分からなくなると、自分は何者かまで分からなくなり、自分が本当に望んでいることや、自分が本当にやりたいことを見失って、生きる力をなくしてしまうこともあります。

ある時、メルマガ読者の三十代の女性からこんな悩《なや》み相談のメールをもらいました。

私は小さい頃《ころ》から自分の感情を抑《おさ》えて生きてきました。

自分がどうしたいのか、ではなく、周りはどうしてほしいのかという基準で物事を考えるようになっていました。

「これまでの人生で夢中になったことは何ですか?」と聞かれた時、何も答えることができなかったんです。

その時初めて、自分が周りからどう思われるかということばかりを気にして生きていることに気がつきました。いつも不安で、何かにおびえていて自信がないので自信のあるふりをして、自分の本心からどんどん遠ざかっていました。

＊　＊　＊

この方は周りにいい顔をしようと、無理をして仮面をかぶって生きてこられたのです。

ところが、いつも周りの目を恐《おそ》れて不安な気持ちが消えませんでした。そしてふと立ち止まると、どれが仮面で、どれが自分の素顔か分からなくなっていたのです。

この方だけでなく、私たちも無理な仮面をかぶりすぎると、窒息《ちっそく》しそうになったり、あまりに重たい仮面だと、首が痛く、肩《かた》が凝《こ》り、倒《たお》れてしまいそうになります。

相手に合わせすぎて、もう自分が何を望んでいるのか、自分が何をしたいのか、分からなくなってしまうこともあります。

私たちを生きづらくさせているのは見栄《みえ》です。人は見栄《みえ》のために、なかなか仮面を外せません。

でも、自分らしく、幸せに生きるためには、あなたの顔にこびりついた仮面を外してみることが大事です。

「見栄《みえ》を張らないようにする」というのは、あなたが、あなたらしく幸せに生きるタネまきの大きな一歩なのです。

ふぅ……

2

無理して「いい人」演じていませんか？

それは無意味で疲れるだけ

私たちが仮面をかぶるのは、周りから少しでもよく見られたいと思うからです。はっきりいえば、私たちが他人からどう思われるかを全く気にせずに生きていくことは不可能です。けれど、あなたが「他人の目に映った自分＝自分の全存在」と思っているとしたら、これは大変危険なことです。

なぜなら、「他人の目」という鏡は、あなたをちゃんと見て正当に評価しているのかというと、全くそうではありません。他人の目とは、その人の都合によってコロコロ変わるゆがんだ鏡なのです。

室町時代の有名な禅僧《ぜんそう》、一休宗純《いっきゅうそうじゅん》の歌に、

「今日ほめて、明日悪く言う人の口、泣くも笑うもウソの世の中」

というものがあります。

この歌の意味は、今日まで「あなたはいい人ね」と褒《ほ》めていても、都合が悪くなると「そんな人とは知らなかった、だまされていたよ」と、途端《とたん》に態度を変えて悪口を言いだすのが他人なのだよ、ということです。

たしかに、「あの人はいい人」「あの人は悪い人」とよく言いますが、その基準は何かといえば、それを言う人の都合ですね。

自分にとって都合のいい人はいい人に思えますし、自分にとって都合の悪い人は悪い人に思えてしまいます。

こういう話があります。フランスの英雄《えいゆう》ナポレオンが、民衆を前にして喝采《かっさい》を受けている時、部下が「閣下、あの民衆の称賛《しょうさん》をごらんください！」と言いました。すると、ナポレオンは、「民衆の称賛《しょうさん》ほど当てにならぬものはない。ひとたび戦争に負けると、私を断頭台に送れと言うのだから」と言ったそうです。

このように、人は、ある人が勢いのいい時は、「頑張《がんば》れ、頑張《がんば》れ」と褒《ほ》めそやします。逆に、その人の旗色が悪くなると、手のひらを返したように非難します。これが「他人の目」という鏡の実態なのです。

だから、周りから悪く言われた、けなされたイコールあなたが悪い、ということではありません。あなたの行いが、あなたをけなした人の都合に、たまたま合わなかっただけなのです。

逆に、あなたが周りから褒《ほ》めはやされても、自分はすごいんだと舞《ま》い上《あ》がって有頂天になるのも危険です。あなたの行いが、たまたま、あなたを褒《ほ》めた人の都合に合っただけだからです。都合が合わなくなると、「そんなひどい人だったのか。だまされていた」と、見方がコロリと変わってしまいます。他人の評価に惑《まど》わされてはいけないのです。

もちろん、「周りからよく思われたい」という気持ち自体は大事なことです。よく思われたいという気持ちが、善《よ》い行いをしようとする原動力になるからです。

だけれども、無理をしていい人を演じようとするのは、無意味で疲《つか》れるだけではないでしょうか。「他人の目」というコロコロと転がる玉の上に、何とか上手《じょうず》に乗ろうとしても、いつ引《ひ》っ繰《く》り返《かえ》るか分かりませんから、不安で疲《つか》れてしまいます。

「ブタは褒《ほ》められてもブタ、ライオンはそしられてもライオン」という格言があります。たとえ褒《ほ》められたとしてもブタはブタです。けなされたからといって、ライオンはライオンです。周りから褒《ほ》められようが、けなされようが、あなたの価値は少しも変わらないのだということを、覚えておいてください。

3

その人の都合で決まる「好き、嫌い」

誰からも「いい人」でいることは不可能です

外ではとても社交的で、愛想がよくて元気で張りきれるけれど、家に帰ったらどっと疲《つか》れが出てしまう。こんなことはないでしょうか。

私たちはたくさんの人の中にいると、みんなによい顔をしようとしてくたびれてしまいます。

みんなに好かれようとすると、自分の言いたいことも言えなくなります。また、当たり障りのないことしか言えなくなって、結局薄《うす》っぺらい人間関係しか作れなくなります。

せっかく自分を抑《おさ》えて我慢《がまん》してきたのに、挙げ句の果てには「あの人は周りに合わせてばかりで、自分の考えや意見がないね」「個性がなくてつまらないね」と言われてしまいます。これでは、せっかく頑張《がんば》ったのに、悲しい結果になってしまいます。

たしかに、みんなからいい人だと思われたいですし、自分を嫌《きら》っている人がいると思うと、とても不安になります。でも、みんなから好かれるということは、とてもできない相談なのです。

お釈迦《しゃか》さまは、

「皆《みな》にてほむる人はなく、皆《みな》にてそしる人はなし」

と言われています。

どんなに立派な人でも、全《すべ》ての人から好かれることはなく、どんなに嫌《きら》われている人でも、全《すべ》ての人から嫌《きら》われることはないという意味です。

人間の好《す》き嫌《きら》いは、その人の都合によって決まります。自分にとって都合のよい人は好きな人、自分にとって都合の悪い人は嫌《きら》いな人になるのです。

例えば、街に大きなショッピングモールを造るとなると、一般消費者《いっぱんしょうひしゃ》にとってはうれしいことです。豊富な種類の商品を安く買えたり、ブランドのあるお店や大きな書店、オシャレなレストランにも一度に行くことができたりするからです。ところが、地元の商店街にとっては死活問題になるでしょう。自分の所に来ていたお客を、ごそっと取られてしまうからです。商店街の経営者にとってはショッピングモールの社長は、自分たちの生活を脅《おびや》かす「悪い人・憎《にく》い人」になるはずです。

たくさんの人が集まれば、全員の都合や利害が一致《いっち》することは絶対にありません。

つまり、どんな立派な人でもみんなから褒《ほ》められることはありません。お釈迦《しゃか》さまでさえ、当時の人たちの三分の一はお釈迦《しゃか》さまの存在を知らず、三分の一は、変なやつが現れたと非難して、あとの三分の一が尊い方だと称賛《しょうさん》したといわれます。

まして、過ちを犯すこともある私たちがみんなから嫌《きら》われない、好かれるということは、ありえません。

それなのに、そんな不可能なことを何とか実現しようとして、無理に「いい人」の仮面をかぶって、くたびれてしまう人が多くいます。

他人がそれぞれあなたに要求する「いい人」のタイプは違《ちが》います。たくさんの人の要求に応じようとしたら、たくさんの仮面を用意しなくてはなりませんが、それには限界があります。つまり、私たちは誰《だれ》からもいい人でいることは不可能なのです。

逆に、「皆《みな》にてそしる人はなし」とお釈迦《しゃか》さまが言われるように、あなたがどんな状況《じょうきょう》であっても、全員から嫌《きら》われるということはありません。

あなたの周りには、あなたがどんな状況《じょうきょう》になろうとも、あなたを支えてくれる人がいるのです。

全員から好かれることはできませんが、全員から嫌《きら》われることもないのです。

みんなから好かれることを求めて、無理な仮面をかぶって疲《つか》れるよりも、あなたの素顔に気づいて理解してくれる人を大事にしましょう。

キライ
イヤな子
あなたがスキ

4

上から目線は、相手に伝わり嫌われる

なぜ、イライラ、ギスギスするのか

私たちは誰《だれ》かと接した時、自分よりも優れた人に対しては、ねたましくなって、自分よりも劣《おと》っている点を探そうとします。

自分と同じレベルの人に対しては、自分のほうが上なのだと思い、なかなか相手を認めることができません。

自分よりも劣《おと》った人に対しては、明らかに自分のほうが上なのだと相手を見下す心が出てきます。

これらの心は、私たち誰《だれ》もが持っている「うぬぼれ」の心で、学校や職場での人間関係や友人関係をギスギスさせたり、窮屈《きゅうくつ》にさせたりします。

こうした「自分のほうが上なんだ」と思う心を、お釈迦《しゃか》さまは「慢《まん》」「過慢《かまん》」「慢過慢《まんかまん》」の三つに分けて教えられています。

まず「慢《まん》」とは、自分よりも劣《おと》った人を見た時、相手を見下す心のことです。

女性なら、周りの女性の持ち物やファッションを見て、「私のほうがかわいい」とか「私のほうがおしゃれ」と思ったりすることです。

男性なら、年収や会社の名前、肩書《かたが》き、仕事ができるかできないかといったところで、「俺《おれ》のほうが上だ」「こんなこともできないのか」と相手を見下すことです。

あからさまに「私（俺《おれ》）のほうがいい」と言わなくても、そんな心が相手に伝われば嫌《きら》われてしまいます。口でひどいことを言われるよりも、冷ややかな目で見られるほうが、グサリと深く傷つくことがあります。

近年、「上から目線」という言葉がよく使われますが、相手を見下す「慢《まん》」の心は、目から漏《も》れて外に現れてしまいますから、よくよく気をつけないといけません。

どうして私はみんなから好かれないのだろうか、自分は人から嫌《きら》われやすいと悩《なや》んでいる人は、自分がどんな目で相手を見ているかを、ちょっと振《ふ》り返《かえ》ってみましょう。

逆に、思いやりの心を持って、優しいまなざしで接することを「眼施《げんせ》」といいます。これについては一七八ページで述べます。

次に「過慢《かまん》」とは、同じレベルの相手に対して、自分のほうが優れていると威張《いば》る心のことです。

例えば、テストの成績で相手が七十点、自分も七十点で同じとすると、「相手は親が金持ちで家庭教師がついている。でも、私は塾《じゅく》にも行かずに独りで勉強している。条件が同じなら、本当は私のほうが成績は上だったのに」と思うような心です。

その次の「慢過慢《まんかまん》」とは、自分より優れている相手に対して、素直にその事実を認められず、相手の欠点を探して、「私のほうが上だ」と思う心のことです。

例えば、テストで相手は九十点、自分は八十点だった時、「相手は勉強が少しできるかもしれないけど、スポーツはまるでダメだね。その点、私は両方できる」

と自分に都合のよい理由をひっぱり出して、相手の上に立とうとする心です。

人はとかく、相手の優れているところや実力を認めたくないものです。

私たちは学校や職場、地域などで、たくさんの人に囲まれて生きています。その中で、「自分とあの人はどっちが上か下か」と考えて、イライラしたりギスギスしたりしていないでしょうか。そんな時、お釈迦《しゃか》さまの言われた三つの「うぬぼれ」で相手を見下していないか、自分の心を見つめる努力をしてみましょう。

いつもより嫌味《いやみ》なく、朗《ほが》らかに周りの人と接することができるようになります。

私のほうがかわいいわ♡
慢
外見は同じくらいでも
私のほうが人気者
過慢
何一つかなわないけど
それでも私のほうが上！
慢過慢

5

意地をはらず、「ごめん」とあやまるほうがずっといい

大切な人を失う後悔を思えば

本当は失いたくなかった友達《ともだち》や恋人《こいびと》、または肉親とケンカして、別れてしまった経験はないでしょうか。

できれば今でも仲直りしたい。だけどできない。それは、あなたの心に、強い意地やプライドがあるからです。

意地やプライドのことを、仏教では「我慢《がまん》」といいます。自分が間違《まちが》っていたと分かっても、どこまでも自分の考えを押《お》し通《とお》す心です。つまり、「自分の考えは正しいのだから、絶対に謝らないぞ」と思う心のことです。

私が勉強会で「我慢《がまん》」についてお話しする時、いつもこんな過去を思い出します。

私には二つ下の弟がいます。私が小学校三年生だった時、弟はまだ一年生でした。ある日、母がアイスクリームを一人に一本ずつ買ってきてくれました。

翌日、弟ははしゃぎながら冷蔵庫の中からアイスを取り出して、私の目の前で食べようとしました。私は弟を止めました。

「それは兄ちゃんのだ！　まだ食べてないんだから」

と言って、私と弟のケンカが始まる。弟は、

「僕《ぼく》だって食べてないんだから。兄ちゃん昨日食べたじゃないか」

と言い返す。口論では決着がつかず、頭にきた私はコブシを振《ふ》り上《あ》げたのです。その時、思い出しました……。

（あ……俺《おれ》、昨日、アイス……食べた……）

ところが、振《ふ》り上《あ》げたコブシを私は下げることができませんでした。

そのままアイスを食べた記憶《きおく》を頭の奥《おく》に押《お》し込《こ》めて、そのコブシをおびえる弟の頭に振《ふ》り下《お》ろし、火がついたように泣《な》き叫《さけ》ぶ弟からアイスを奪《うば》い取《と》って食べてしまったのです。

あの味気ないアイスの味が、今でも忘れられません。

人は自分が間違《まちが》っていたと分かっても素直にそれを認められず、自分の体裁を守るためにその間違《まちが》いを押《お》し通《とお》してしまいます。こんな心を仏教で「我慢《がまん》」といいます。

この「我慢《がまん》」は年とともに強くなっていくような気がします。

小学生の頃《ころ》、友達《ともだち》とケンカして、「おまえとは絶交だ!!」と言っても、次の日になると「昨日はごめん……。やっぱり遊ぼう……」と仲直りできました。

中学生や高校生になると、そんな簡単にはいきません。

「そんな簡単に謝れるか！」という「我慢《がまん》」の心が強くなるからでしょう。

大人になってケンカすると、さらに仲直りが難しくなります。お互《たが》いに「向こうが謝るまでは絶対に謝らない」と「我慢《がまん》」は年を増すごとに強くなるようです。

ちょっとしたことなのに、自分の非を認められず、離《はな》れ離《ばな》れになる夫婦や友達《ともだち》、恋人《こいびと》はどれほどいるか分かりません。

「ごめんなさい」「悪かった」と素直に言えたら、かけがえのない人を失わずに済んだのに。そんな後悔《こうかい》が年とともに増えていきます。

私たちの意地やプライドは、大切な人たちを失ってまで守らなければならないほど大層なものなのでしょうか。

ほとんどの場合、後で振《ふ》り返《かえ》ると、くだらないことにこだわっていたと後悔《こうかい》するのです。

素顔の自分は「本当は謝りたい」と思っていながら、意地やプライドがじゃまをして言葉にできず、失いたくない人が自分から離《はな》れていくのを後悔《こうかい》しながら、どうしようもできずにいるのです。

そんな時、勇気を出して、素直に謝ってみましょう。勇気がいるかもしれませんが、大事な人を失う心の痛みと後悔《こうかい》に比べたら、大したことはありません。

まず形からでもいいのです。「ごめん、悪かった」と言ってみましょう。

今からでも遅《おそ》くはないのです。

素顔の自分で接すれば、相手も素顔で接してくれるのです。

ごめんなさい
おおっ!
心の扉オープン!
バンッ

4章

無駄な苦労は一つもない。
人によって
早く咲くか、遅く咲くかの
違いがあるだけ

あせらず、あわてず、花開くまで

1

「自分に自信が持てない」という人へ

本当はダメじゃないところまで、責めていませんか？

「自分に自信が持てない」という相談をよく受けます。失敗した時、叱《しか》られた時、傷つくことを言われた時は、誰《だれ》でもつらい気持ちになります。そして、つらい気持ちを何かにぶつけたくなります。

そんな時、人間は大きく分けて二とおりに分かれます。

一つは、他人にぶつけるタイプです。失敗を全部他人の責任にして、周りの人を責めてしまう人です。

もう一つは、自分にぶつけて、自分を必要以上に責めてしまう人です。

自分のことを棚《たな》に上げて、他人を責めるタイプの人は、知らないうちに周りから嫌《きら》われてしまいやすいのですが、あまり自己嫌悪《じこけんお》で悩《なや》むことは少ないかもしれません。

ところが、「全部、私が悪いんです」と必要以上に自分を責めてしまう人は、いい人だと思われるかもしれませんが、自分に自信が持てずに独りでくよくよ悩《なや》んでしまいます。

本当に自分に問題があることなら、よく反省して直さなければならないのですが、何でもかんでも「自分が悪い」「自分の責任だ」と思うのは、いたずらに自分を傷つけることですので、よくないことです。


三十三歳の女性Fさんの相談を受けた時のことです。

「今の会社に入って十年たちます。うまくいかなかったり失敗したりすると、自分が全部悪かったんだと思って、ものすごく自分が嫌《いや》になり、落《お》ち込《こ》んでしまうんです」

責任感が強く、真面目《まじめ》そうな人でした。

そこで、どんな時にそう思ったのかを詳《くわ》しく聞きました。すると、その人のミスもありましたが、中には上司の指示の間違《まちが》い、取引先の勘違《かんちが》い、後輩《こうはい》や仕事仲間の失敗もあるようです。そこで、

「全部自分の責任だ、全部自分が悪いんだと自分を責めてしまうんですね。でも、本当に全部あなたが悪かったんですか」

と聞いてみました。すると、

「全部というわけじゃないんですけど……」

と言葉を濁《にご》しました。

「じゃあ、全部ではなくて一部が悪かったんですね。何が悪かったのですか」

とさらに尋《たず》ねると、

「そうですね……。キチンと取引先の要望をスタッフに伝えていなかったり、うまく進んでいない状況《じょうきょう》を上司に伝えていなかったり、説明が言葉足らずだったりしたところが私の反省点です」

と、とても冷静に答えてくれました。

「じゃあ、全部じゃなくて、そこだけ反省すればいいのではないですか」

と指し示すと、

「そうか、そう考えればいいんですね。いつも必要以上に自分を責めてばかりでした。ありがとうございます」

と明るく答えてくれました。

Fさんは、自分の反省すべき点が分からず、むやみに自分を責めていました。ところが、「全部でなくて、一部を反省すればいいんだ」と気づくと、とても明るく元気になれたのです。

「自分はダメなんです」ということをしきりに言う人がよくいます。自分に自信が持てず、その不安な気持ちを分かってほしいからなのでしょう。その気持ちをよく聞いた後に、

「私は全然、ダメとは思いませんよ。どこがそんなにダメだと思うんですか」

と具体的に聞くと、

「ここと、ここと、こういうところがダメなんです」

と具体的にハッキリ答えられる人はあまりいません。ただ何となく自分はダメなんだと思って、本当はダメじゃないところまでも責めてしまっているのです。

まずは本当に自分が反省すべき点をハッキリさせることが大事です。あとは問題ないのですから、むやみに自分を責めずに済みます。そして、自分自身を受け入れられるように

なります。

もし、あなたが「全部、自分が悪いんだ」と自分を責めているとしたら、それは本当に反省しなければならないところがハッキリしていないからです。

全部が悪い人間なんてこの世に存在しません。どんな人であっても、反省すべき点は一部しかないのです。

私が苦手なのは
挨拶
挨拶だけは
しっかりやろう

2 みんな自分のことで精一杯

たとえ失敗しても、必要以上に落ち込まないで

私たちはケンカしたり、叱《しか》られたりして気まずい関係になると、

「あの人は私のことをこう思っているのでないか、ああ思っているのでないか」

「きっと私のことを嫌《きら》いなんだ、いないほうがいいと思っているんだ」

と、独りでもんもんと悩《なや》んでしまいます。そして、人と会うことが苦痛になったり、疑心《ぎしん》暗鬼《あんき》になったりしてしまい、気持ちよく接することができなくなります。

ですが、考えてみてください。

みんな自分のことで精一杯《せいいっぱい》です。周りの人のことをあれこれ考えているヒマな人は、ど

この事実に気がつくと、気持ちがスッと楽になります。

ここにもいません。


メルマガの読者Gさんから、次のような相談を受けました。

「最近、仕事で失敗が多いんです。職場の上司や同僚《どうりょう》から、『おまえなんていないないほうがいい』と思われているんじゃないかって思って落《お》ち込《こ》んでいます」

と言われたので、いくつか質問をしてみました。

「同じ職場で、あなたよりも失敗が多いと思う人はいますか」

「……はい、そういう人はいると思います」

「その人に対して、あなたは辞めてほしいとか、いなくなってほしいといつも思いますか」

「自分が迷惑《めいわく》を被《こうむ》った時は、一瞬《いっしゅん》、思いますけど、いつもは思いません。他人の失敗なんて、すぐ忘れてしまいます」

「そうですよね。迷惑《めいわく》を被《こうむ》った時は、腹が立っていろいろなことを思いますが、一晩たつと忘れてしまいますね。でも、それはみんなそうじゃないんですか」

「はい、たしかにそうですね」

「そうでしょう。今日は日曜日ですが、あなたが気にしている人は、あなたのことを休みの日でも『いなくなれ』と思い続けていると思いますか」

「いいえ、さすがにそこまでは思われていないと思います」

と、Gさんはだいぶ気持ちも整理されてきたようでした。

「じゃあ今、『自分はいないほうがいい』と思っているのは誰《だれ》ですか」

と私が言うと、

「……自分ですね」

と、はっとしたように言われました。

「そうですね。みんな自分のことで精一杯《せいいっぱい》です。周りの人のことをあれこれ考えているヒマな人は、どこにもいないのです」

　そう私が言うと、

「失敗した負い目で、必要以上におびえていたんですね。ありがとうございました」

と、Gさんはスッキリした表情になって、別れることができました。


何でもうまくできる人なんていません。

どんな人でも必ず失敗をするから、厳しく叱《しか》られたり、時にはののしられたりすることもあります。

でも、それはその時、その場だけのことなのです。

あなたが週末、他の人の存在を忘れているように、ずっとあなたのことを考えているヒマな人なんてどこにもいないのです。

ですから、ケンカしたから、失敗したから、叱《しか》られたからといって、あれこれ考えすぎず、悪い点を反省して前向きにタネをまいていけば、必ずよい方向へ向かっていくのです。

自分の影に
おびえているだけ？
あの人から
嫌われてる
よ〜

3

努力の成果は、ある時パッと花開く

あせらずタネをまき続けよう

私たちの悩《なや》みの一つに、「なかなか努力が続かない」ということがあります。頑張《がんば》ろうと取り組んでも、すぐに目に見える結果が出てこないと、「やってもダメだ」と心がなえてきて、投げ出してしまいます。

でも、努力や学習の成果というものは、じわじわ効果が出てくるというよりも、ある時を境にパッと花開く傾向《けいこう》があるのです。だから、**最初は結果が出なくてもコツコツ続けていくことが大事なのです。**

子供の頃《ころ》、私は鉄棒の逆上がりができず、いつも独り練習していましたが、ある日突然《とつぜん》、できるようになりました。自転車に乗るのもそうです。最初は、フラフラしてすぐ転んで膝《ひざ》をすりむいてしまいます。ところが、ある時突然《とつぜん》、スイーッと乗れるようになりました。

こんな経験は誰《だれ》にでもありますね。これが練習や努力と、その成果の関係なのです。

頑張《がんば》っても上達しなかったり、うまくいかなかったりすると、投げ出したくなります。

でもその時、あなたはゴールの直前にいるのかもしれません。

ゴール直前であきらめて引き返すとしたら、それはもったいないですよね。

4

決意したことを続けるコツ
まずは「今日だけ」と思ってやってみよう

私たちの意志は弱いもので、「決意はしたけど、なかなか続かない」という悩《なや》みを抱《かか》えている人は多いのではないでしょうか。

ある主婦の方から、こんな相談を受けました。

「毎日、家の掃除《そうじ》をしなければと思うのですが、すぐにやる気がなえてしまいます。いったん掃除《そうじ》をやり始めても、これまで家にたまっているゴミのことを考えると、とても気が重くなります。結局、やらずじまいで、自己嫌悪《じこけんお》に陥《おちい》ってしまいます」

この人は生真面目《きまじめ》なのでしょう。「毎日やらなければいけない」と思うと気が重くなって、「とてもできない」とやる前から気がめいってしまっていたのです。

私はその方にこう言ってみました。

「毎日やらなくていいですよ。今日だけやってみましょう。今日だけならできますよね」

「今日だけでいいんですか」

と半信半疑の主婦の方に、こんな話をしました。

ある有名な博士が、断酒の勧《すす》めの講演をしていました。それを聞いた酒が大好きな男は最初、「こんなにおいしいものがやめられるか」と思いました。

ところが、酒が健康に及《およ》ぼす悪影響《あくえいきょう》について理路整然と説明する博士の話を聞くうちに納得し、心機一転、酒を断つことを決意しました。しかし、よほどの決意がないと、とても酒をやめることはできません。

そこで、博士にこう頼《たの》みました。

「何か一言、お言葉を頂けないでしょうか」

にこにこ笑いながら、博士は快く引き受けて、筆でサラサラ書きました。男は「死ぬまで禁酒」と書かれるのだろうとドキドキしていましたが、博士が書いた言葉はなんと、

「今日一日禁酒」というものでした。

「今日一日でいいんですか」

と聞く男に、

「さよう、今日一日でいい」

と博士は答えました。死ぬまで禁酒を覚悟《かくご》していた男は、博士の言葉に大喜びし、早速、壁《かべ》に博士の言葉を貼《は》り付《つ》けました。

「今日一日禁酒、今日一日禁酒……」

そう思いながら、一升瓶《いっしょうびん》を目の前にした男は、今日が終わるのを今か今かと待っていました。ボーンと夜の十二時を知らせる時計《とけい》が鳴りました。「さあ飲むぞ！」と思った男の目に、「今日一日禁酒」という壁《かべ》の文字《もじ》が飛《と》び込《こ》んできました。

「ああ、今日もまた禁酒か」と思った男は、**「今日一日の積み重ねが一生になる」**という博士の心を知り、生涯《しょうがい》、酒を断つことができたそうです。

つまり、「一生続けよう」と思うから大変なのです。明日のことは置いておき、「今日だけやろう」と思って取り組むと、案外続くものなのです。

この話を聞いた主婦の方は、

「毎日続けようと思うとしんどくなって、やる気になれなかったんです。でも、『今日だけやろう』と思えば、前向きに取り組める気がします。なんだか気持ちが楽になりました。とりあえず、今日だけ掃除《そうじ》を頑張《がんば》ってみます」

と明るい声で答えてくれました。

その後も、毎日ではありませんが、三日に一回ぐらいは掃除《そうじ》ができるようになって、家もだいぶ片づいてきたそうです。

5

あなたは決して、弱い、ダメな人間ではない

「勝ち組」「負け組」という言葉があります。最近では、「相手を負かして勝ちさえすればいいんだ」と、やたらと勝ち負けにこだわって意地を張ったり、相手を傷つけたりする風潮があります。

議論に勝つ、腕力《わんりょく》で勝つ、知識で勝つ――。どうでもいいことでも、勝ちにこだわる人がいます。「自分の強さを見せつけたい」という自己顕示欲《じこけんじよく》に振《ふ》り回《まわ》され、尊大な態度をとってしまうのです。

逆に、相手に頭を下げたり、謝ったりせざるをえない立場の人もいます。そういう人は、

相手の言うことを聞いてしまうと、「自分は負けた」「自分は弱いダメな人間だ」と、自分を責めて落《お》ち込《こ》んでしまいがちです。

でも、負けたり、勝ちを相手に譲《ゆず》ったりするのは、弱いからだとはいえません。「強いから負けられる」ということも往々にしてあるのです。

五十代の男性からこんな相談を受けました。

前の会社が倒産《とうさん》して再就職しましたが、そこでは新入社員と同じですから、二十歳も年下の上司から指図されたり、厳しく言われたりするそうです。それが悔《くや》しくて情けなくてつらいと言われるのです。長引く不況《ふきょう》の中で、こういう思いをされている男性は多いと思います。

「何のために、そこまで忍耐《にんたい》されるんですか」

と聞いてみました。

「自分一人ならここまでしないけど、家にまだ高校生の子供がいるんですよ」

「立派なお父さんですね。家族のために、二十歳も年下の人に頭を下げられる。本当に立派で、心の強い方だと思います」

と男性を励《はげ》まして、こんな歌をご紹介《しょうかい》しました。

「花を持つ　人から避《さ》ける　山路かな」

一人しか通れない狭《せま》い山道で二人が鉢合《はちあ》わせになりました。一人は何も持っていませんでしたが、もう一人は両手いっぱいのきれいな花を抱《かか》えています。

こんな時、「お先にどうぞ」と道を譲《ゆず》ることができるのは、両手いっぱいの花を抱《かか》えている人です。

もし「俺《おれ》が先だ」「いや、俺《おれ》のほうが先だ」とぶつかり合ったら、大事な花が散ってしまうからです。だから、大事な花を守るために、笑顔《えがお》で「お先にどうぞ」と道を譲《ゆず》ることができるのです。

意見が衝突《しょうとつ》した時、争いになった時、意地の張り合いをやめて譲《ゆず》ることができるのは、守らなければならない大切な花がある人です。

「年下の上司に頭を下げるのは、あなたが弱いからでも劣《おと》っているからでもないのですよ。家族という大事な花のために、頭を下げられる心の強い方ですね」

と励《はげ》ますと、その男性は涙《なみだ》ぐみながら、

「そう言ってもらえるとうれしいです」

と答えてくださいました。

この男性の場合、大事な花は家族でした。

私たちも、それぞれに、守りたい大事な花を持っているのではないでしょうか。そのために、忍耐《にんたい》しなければならない場面に出くわすことは多々あります。

例えば、どうしてもやりたいことがあって、その目標に向かって、若い人に交じって一から勉強している人もあるでしょう。姑《しゅうとめ》からきつい言葉をかけられるけれど、笑顔《えがお》で返事をしなければならない時もあるでしょう。

仏教では忍耐《にんたい》のことを「忍辱《にんにく》」と教えられ、お釈迦《しゃか》さまは、善《よ》いタネまきの一つとして勧《すす》められています。

ぐっと耐《た》えて、相手に譲《ゆず》れる人は、本当の心の強さを持った人なのです。

お先にどうぞ

6

なかなか結果が出なくても、頑張ってきたことは、必ずやがて実を結ぶ

頑張《がんば》ったのに、なかなか認められなかったり、うまくいかなかったりすることが続くと、「ああ、苦労が無駄《むだ》になってしまった」「こんなんだったら、やるんじゃなかった」と落《お》ち込《こ》んだり、元気をなくしたりします。

挙げ句の果てには、「私なんかが高望みすることが、そもそもの間違《まちが》いだった」と思って、これまで一生懸命《いっしょうけんめい》、頑張《がんば》ってきた自分を否定してしまいます。

でも、お釈迦《しゃか》さまは、

「まいたタネは必ず生えるのだよ。

「だから、無駄《むだ》になる苦労は一つもないのだよ。人によって早く咲《さ》くか、遅《おそ》く咲《さ》くかの違《ちが》いがあるだけだよ」

と教えられています。

人生は、遅咲《おそざ》きか早咲《はやざ》きかの違《ちが》いだけで、まいたタネは必ず生えます。世の中で成功したといわれる人でも、遅咲《おそざ》きの苦労人はたくさんいます。

「潜伏期間三十年《せんぷくきかん》」として知られる漫談家《まんだんか》の綾小路《あやのこうじ》きみまろさんは、十八歳の頃《ころ》に鹿児島《かごしま》から上京し、二十八歳で漫談家《まんだんか》としてデビューしました。しかし、バーやキャバレーの司会者を務める長い下積み生活が続きます。

デビューからブレイクするまでの間、一人でも多くの人に自分の話を聞いてもらいたいと、奥《おく》さんと一緒《いっしょ》に自分の漫談《まんだん》をカセットテープに吹《ふ》き込《こ》んで、高速道路のサービスエリアで中高年層にひたすら配りまくったそうです。その数は数千本ともいわれます。

サービスエリアの係員から「勝手に商売をしないでください」と注意を受けると、「商売ではありません。タダで配っているんです」と言って配り続けたそうです。必ず芽が出て花が咲《さ》くことを信じてのタネまきでした。

そのうち、無料で配られたテープをバスガイドさんが観光バスの中で流すと大爆笑《だいばくしょう》になり、それが五十歳過ぎでの大ブレイクにつながったのです。

潜伏期間《せんぷくきかん》三十年のタネまきが花開いて、「中高年のアイドル」といわれるほどの人気を誇《ほこ》っています。

ケンタッキー・フライド・チキン創業者のカーネル・サンダースも、大変遅咲《おそざ》きの人です。六十歳を過ぎた時、経営していたレストランが閉店を余儀《よぎ》なくされました。ところが彼は、レストランで最も人気だったフライド・チキンに絶対の自信を持っていたので、その販売《はんばい》をあきらめることはしませんでした。他のレストランのメニューに加えてもらうことを考えたのです。

フライド・チキンの製法を教える代わりに、売れれば一定のロイヤリティ（権利金）をもらう。これが世界初の、フランチャイズというビジネスモデルだといわれます。

車に圧力釜《あつりょくがま》と独自のスパイスを載《の》せて、レストランを訪ね歩く旅に出ましたが、なかなか話を聞いてくれるレストランはありません。しかし彼はあきらめず、車の中で寝泊《ねと》まりしながらタネまきを続け、十年後には、全米で六百店のレストランと契約《けいやく》を結ぶまでに発展したのです。これが現在のケンタッキー・フライド・チキンの始まりです。サンダースが七十歳をとっくに過ぎていた時のことでした。

春になると、満開の花を咲《さ》かせる桜も、冬は枯《か》れ木《き》のように花一つ、つけていません。春の陽気という「縁《えん》」がまだ来ていないからです。

ところが枯《か》れ木《き》のようだった木も、暖かい日差しに触《ふ》れると一斉《いっせい》に花を咲《さ》かせます。世の中には遅咲《おそざ》きであっても、見事な花を咲《さ》かせる人がたくさんいます。遅咲《おそざ》き早咲《はやざ》きの違《ちが》いはあっても、まいたタネは必ず生えるからです。

一生懸命《いっしょうけんめい》、頑張《がんば》ってきたことは、その人に必ずタネとなって蓄《たくわ》えられています。頑張《がんば》っているのに、なかなか結果が出ない時は、まだ発芽させる春の日差しがやってきていないのです。

焦《あせ》らず、慌《あわ》てず、花を咲《さ》かせる暖かい日が差すのを待てばいいのです。

5章

「誰も自分のことを分かってくれない」と、皆、苦しんでいる

相手の話を親身に聞くと、喜ばれる

1

「聞く」というタネまきが、人間関係をスムーズにする

私たちは日々、いろいろな人たちと関《かか》わって生きているので、必然的にさまざまな人間関係の中で生きていかなければなりません。現代の私たちにとっての悩《なや》みや苦しみの多くは、この人間関係のトラブルや悩《なや》みなのだと思います。

でも、さまざまな人間関係のトラブルや悩《なや》みには、共通の原因があります。それは、「相手の気持ちがよく分からない」ということです。

相手の気持ちが分からないから、知らないうちに相手が不快に思うことを言ったり、やったりして、ケンカになってしまう。

相手が何を考えているか分からないから、自分のことを嫌《きら》っているのではないかと疑心《ぎしん》暗鬼《あんき》になってしまう。

相手の求めていることが分からないから、相手のためにと思ってやったことが裏目に出てしまって、相手を傷つけてしまう。

わざと相手にひどいことを言ったり、やったりすることは少ないでしょう。それよりも、知らず知らずのうちに相手を傷つけたり、不快にさせたりすることがほとんどです。

だから、相手の気持ちを知ることができれば、「これは今、言わないほうがいいな」「これは相手が気にしていることだから、触《ふ》れないでおこう」と、気をつけることができ、トラブルもぐっと少なくなるはずです。

では、私たちはどうしたら相手の気持ちを知ることができるでしょうか。

それは、「相手の話をよく聞く」という一点に尽《つ》きるのです。

私たちは超能力者《ちょうのうりょくしゃ》ではありませんから、相手の心の中をのぞくことはできません。「空気を読め」とか「雰囲気《ふんいき》を察しろ」といわれても、空気も雰囲気《ふんいき》も目に見えませんから、どうしていいか分かりません。

だから、目に見えない相手の気持ちを知るには、相手の話を聞く以外にないのです。

私たちには、「自分の気持ちを分かってもらいたい」という強い欲求がありますから、聞き手に回っているつもりでも、「でも、こうじゃない」「だけど、こういう場合もあるでしょう」というように、ついつい相手の意見を否定して、自分の考えを主張しています。

関心がない話題だと、「それがどうしたの」と退屈《たいくつ》そうに受け答えをしています。

自分が詳《くわ》しい話題になると、「あ、それ知ってる。○○でしょう」と、聞き手だったはずが、急に話し手になってしまうことだってあります。

そんな時、ちょっと自分の気持ちを抑《おさ》えて、相手の話に耳を傾《かたむ》けてみましょう。相手の話を聞くと、相手の本音や気持ちが分かってきます。聞くことは、相手の気持ちを知って理解することだからです。

相手の気持ちが少しでも分かれば、話を聞いてもらった人は、「自分の気持ちを分かってくれた」と喜び、あなたのことをとても好きになるでしょう。

それだけで、人間関係のトラブルはみるみる解消します。誤解が解けたり、心の距離《きょり》が縮まったり、自分の思いを相手に受け入れてもらえるようになるのです。

話を聞く人は愛され上手

2

「私、嫌われているかな」と思ったら独りで悩まず、周りの誰かに聞いてみる

人間は感情の動物ですから、気の合う人、合わない人がいます。自分のことを嫌《きら》っているんじゃないかと思う人が周りに一人か二人はいるものです。

「どうもあの人は自分に厳しいな」「あの人の言葉がいつも引っかかる」「自分のことをよく思っていないのかな」——。

こんな気持ちになったことはないでしょうか。

気にしなくて済む程度のことならいいのですが、中にはそれが気になって、大きなストレスになることもあります。

三十代の女性からこんな相談を受けました。

「職場の先輩《せんぱい》の態度が、いつも私にだけ冷たいような気がしています。『嫌《きら》われているかも』と思うと、その先輩《せんぱい》の言うことなすこと全部、私への当てつけのようで、イライラして仕事が手につかないんです」

事の始めは、その方がその先輩《せんぱい》がいる部署に異動してきた時、挨拶《あいさつ》をしたのですが、ほとんど無視され、そんなことが何回か続いたそうです。

「きっと自分のことをよく思っていないんだな」と思うと、最近はその先輩《せんぱい》の声を聞くだけでイライラしてしまうというのです。

私は一つ質問してみました。

「本当にその先輩《せんぱい》は、あなたのことを嫌《きら》って、そんな態度をとっているんですか」

「でも、言い方も冷たいし。嫌《きら》いじゃないなら、あんな態度をとらないと思います」

「そうですね。でも、それはあなたに対してだけでしょうか」

「それは、どうだか分からないけど……」

と言葉を濁《にご》したので、

「だったら一度、自分のことを嫌《きら》っているかどうか、聞いてみたらどうですか」

と言ってみました。

「そんな、『私のこと嫌《きら》いですか』なんて、聞けるわけないじゃないですか」

と言われるので、

「それもそうですね。だったら同じ職場の友達《ともだち》に、『あの先輩《せんぱい》は私のこと嫌《きら》っているのかしら』と聞いてみたらどうでしょう」

と提案しました。その方が実際に職場の友達《ともだち》に聞いてみたところ、

「あなただけじゃないのよ。あの人はみんなに対して、あんな態度なのよ」

と言われたそうです。

自分が嫌《きら》われていたわけではなかった。誰《だれ》に対してもそういう態度をとっていたのだと知って、とても気持ちが楽になったと、お礼のメールが届きました。その先輩《せんぱい》が単に、人への接し方が不器用だっただけなのです。

私たちは「あの人は自分のことを嫌《きら》っているのかな」と思うと、だんだんと疑心暗鬼《ぎしんあんき》になって、「間違《まちが》いなく自分のことを嫌《きら》っている」と思《おも》い込《こ》んでしまいます。

そんな時は素直に聞いてみると、案外、自分の考え過ぎだったりします。直接、本人に聞けないなら、周りの友達《ともだち》にそれとなく聞いてみるのがいいですね。

実際に嫌《きら》われていた、ということもたまにありますが、別に気に病む必要はありません。相手が自分を嫌《きら》いに思う理由を知ったら、気をつけて、対策を立てればいいからです。

独りで「ああでもないこうでもない」ともんもんと悩《なや》むと、悪いように悪いように考えてしまいます。それでは精神衛生上よくありません。

独りで悩《なや》まずに、周りの誰《だれ》かにちょっと聞いてみると、自分の思《おも》い込《こ》みだと気がついたり、相手の態度がそっけない理由や原因が分かったりします。

すると、冷静に相手に接することができるようになるのです。

話してみたら誤解が解けた!!
!

3 モテる人のポイントは、「気配りのできる人」
人は、話を聞いてくれる人が好き

自分に好意を持ってもらいたい人に対して、どのように接すればいいでしょうか。

その人の前で目立つ行動をとったり、自分の能力や経済力を見せつけたり、服装や美容にお金をかけたりすることに心が行ってしまいがちですが、それはあまり効果がないようです。

「この人はすごい人だ」とか「オシャレな人だ」とは思われるでしょうが、「いい人だな」「優しい人だな」と、あなたの人柄《ひとがら》を評価されることにはつながりにくいのです。

ある恋愛《れんあい》アンケートによると、モテる人のポイントで男女ともにダントツに多かったのは、容姿や収入ではなく、「気配りのできる人」だったそうです。

自分のことを分かってくれて大事にしてくれる人が、好かれるということですね。これはいつの時代でも、どこに行っても変わらないことだと思います。

「相手の話をよく聞く」ということは、相手の気持ちを理解しようとしていることを相手に伝えることになります。また、相手の気持ちを大切に思っているというサインにもなります。

人は、自分の健康や近況《きんきょう》、努力したこと、誇《ほこ》りに思っていることを真剣《しんけん》に聞いてもらえるだけで、とてもうれしくなります。「自分のことを分かってくれた」「思いやってくれた」と思って、聞いてくれた人のことを好きになるのです。

私が仏教の講座を開こうとした時のことです。高齢《こうれい》のご婦人がやってこられました。その方が「先生、聞いてください」と、唐突《とうとつ》に自分の苦労話を始められたのです。遮《さえぎ》ることもできない勢いだったので、ひたすら話をよく聞きました。

「それは、大変でしたね」

「それから、どうされたんですか」

ただうなずくだけでなく、ところどころに自分の感想やよく分からなかったところを質問してみました。

二時間後、その方はとても満足され、

「先生、今日はいい話をしていただき、ありがとうございました」

と泣きながら、お礼を言われたのです。

（何も話していないんだけど……）

と思ったのですが、そこで分かったのは、こちらがどれだけ話をするよりも、相手の言いたいことを親身に聞くほうが、何十倍も相手にとってうれしいということでした。

人間には「自分のことを分かってもらいたい」という強い欲求があります。だから、親しくなってくると、相手の話を聞くよりも、自分のことを語りたくなってきます。

恋人《こいびと》でもつきあい始めた時は、相手に気を遣《つか》って、話を聞こうと努めますが、だんだん仲良くなって慣れてくると相手のことが見えなくなって、自分のことばかり話をしてしまいます。

夫婦や親子など家族になると相手のことをしっかり聞くよりも先に、自分の気持ちを相手にぶつけてしまって、夫婦関係や親子関係がぎくしゃくし、うまくいかなくなってしまうことがあります。

一つ同じ屋根の下に暮らしながら、「もっと、聞いてほしいこと、分かってほしいことがあるのに」と相手は寂《さび》しく思っているかもしれません。

ちょっと立ち止まって相手の話をどれだけ聞いているかを振《ふ》り返《かえ》ってみましょう。

「元気にしている?」「仕事の調子はどう?」「昨日、何食べたの?」など、ささいなことでいいのです。自分のことを気にかけてくれているんだ、優しい人だなと、あなたへの印象はよくなるでしょう。

4

相手が心を閉ざさない注意のしかた

よく話を聞いて、ほめて認めることから始める

「あの人にこういうところを直してほしい」「あの人にこういう欠点があることをよく自覚してほしい」と思うことがあります。

ですが、私たちは、自分の欠点や間違《まちが》っていることを認めたくないので、注意されてもはねつけたり、腹を立てたりしてしまいます。

自分よりも立場が上になる会社の上司や先輩《せんぱい》から注意されると、とりあえず「申し訳ありません、分かりました」と謝っても、心の中では、

（こういう事情があったのに、全然分かってくれない。頭の固い上司だな）

と恨《うら》んだり、反発の心を起こしたりしてしまいます。

だから、他人に注意をするのは大変難しいことなのです。下手《へた》に注意すると、人間関係が悪くなるから、注意することを避《さ》けようとしがちです。

それでも、相手のことを考えると、「これだけは言っておかなければならない」「分かってもらわなければならない」という時は、どうすればいいのでしょうか。

こんな時、「与奪《よだつ》の法」ということが教えられています。

与奪《よだつ》の「与《よ》」とは、与《あた》えるということです。「与《あた》える」とは、相手の言い分を聞く、長所や頑張《がんば》り、努力を褒《ほ》める、認めるということです。

与奪《よだつ》の「奪《だつ》」とは、奪《うば》うということです。「奪《うば》う」とは、相手の欠点や認めたくない間《ま》違《ちが》いを諭《さと》す、ということです。

つまり、**相手の言い分や事情をよく聞いて、その次に相手の間違《まちが》いを諭《さと》しなさい、ということです。**

大手企業《おおてきぎょう》で部長を務めるある男性から、「なるほど」と思う話を聞きました。

その部長がいる部署に配属された新入社員のS君は、やる気はあるのですが、時間にいいかげんで、出社時間や打ち合わせの時間にいつも遅刻《ちこく》して、周りから煙《けむ》たがられていたそうです。

何度注意しても言い訳ばかりで、直す気配がありません。このままだと、S君は会社に居場所がなくなってしまうと心配した部長は、次のように諭《さと》したそうです。

「S君は、いつもニコニコして笑顔《えがお》がいいね。とても元気で印象がいいよ。何か心掛《こころが》けていることがあるのかな」

「僕《ぼく》は人と接するのが好きなので、会った人に喜んでもらおうと心掛《こころが》けています」

部長も知らなかった意外な一面でした。

彼の心掛《こころが》けを聞いてじゅうぶん褒《ほ》めた後、

「君はとても好青年だね、そういう評判は私にも聞こえてきている。そういえば、ある人が『Sさんは時間にいいかげんなことが玉にキズなのよね。時間さえしっかり守ってくれたら、言うことなしなのに』と言ってたよ。たしかに、君は遅刻《ちこく》が多いね。何か事情があるのかい」

と言うと、S君はこう言いました。

「すみません。自分でも自覚があるのですが、目の前のことに夢中になって時間を忘れてしまうんです」

「夢中になれるのはいいことだ。だけど、時間に遅《おく》れるとみんなに迷惑《めいわく》をかける。何か対策はないのかな。こまめにアラームをかけて、今後は、十分前には待ち合わせの場所に行くようにしたらどうだろう」

部長の温かい対応に感動したS君は、その後、アドバイスを実践《じっせん》して、遅刻《ちこく》が激減したそうです。

私たちが、相手に何か言いにくいことを伝えたい時、相手の欠点を直してもらいたい時、いきなりそれを持ち出すと、相手は反射的に心を閉ざしてしまいます。

いきなり相手にぶつける前に、**まず相手の事情をよく聞いて理解し、褒《ほ》めて認めることから始めるのが大事なのです。**

5

空気の読める人になるには？
秘訣は、カラオケの順番を守ることと同じ

「あの人は空気が読めない」「ＫＹだ」といわれ、煙《けむ》たがられることがあります。自分が話を始めると、みんなの顔が引きつる。自分が話し終わった後、みんなが沈黙《ちんもく》してしまう。その後、話が続かない。あまり食事や合コンに誘《さそ》ってもらえない……。こういう人は場の空気を読めず、知らず知らずのうちに、場の雰囲気《ふんいき》を壊《こわ》してしまっていることがよくあります。

「どうもみんなとぎくしゃくする」「自然な雰囲気《ふんいき》でいられない」という悩《なや》みを抱《かか》えてい

る人は、実はかなり多いようです。

でも、「空気を読め」といわれても、空気も雰囲気《ふんいき》も目に見えませんから、理解するのに苦労します。

実は、周りの人の話に耳を傾《かたむ》けるだけで、空気の読める人になれるのです。

なぜなら、空気が読めないといわれる人とは、だいたい次の二つに当てはまる人だからです。

①一方的に自分の話をする（周りの人の話を聞こうとしない）

②人の会話に割《わ》り込《こ》んでくる（周りの人の話を聞いていない）

一方的に話をしたり、人の会話に割《わ》り込《こ》んだりするのは、周りの人の言っていることを聞いていないからなのです。では、そうならないようにするために、どうしたらいいのでしょうか。

あなたが、友達《ともだち》とカラオケに行ったとします。もし、あなたが歌いたいからといってずっとマイクを離《はな》さず、一人で歌い続けたら、友達《ともだち》は不快に思うでしょう。きっと、二度とカラオケに誘《さそ》ってくれません。あなたがどんなに歌がうまくてもです。なぜなら、友達《ともだち》はあなたの歌を聴《き》きに来たのではなく、自分も歌ってストレスをスカッと発散させに来たからです。

一曲歌うと、次の人にマイクを渡《わた》します。友達《ともだち》が歌うのを聴《き》いてタンバリンと手拍子《てびょうし》で盛り上げます。そうすると、みんなでカラオケを楽しむことができます。

このように、自分の話を聞いてもらいたかったら、友達《ともだち》に話題を振《ふ》ったり、友達《ともだち》の話を聞いたりすることが大事なのです。

「そろそろ自分の順番かな」と思ったら、また自分も発言する。そうすれば、一方的に自分ばかり話して、場の雰囲気《ふんいき》を乱して煙《けむ》たがられることはありません。

もし、「自分の話が他人の話よりも長くなっているな」と思ったら、ちょっと立ち止まって、「ごめんね。自分のことばかり話して」とストップしてみましょう。

「ちゃんと周りに気を遣《つか》ってくれているんだな」と、逆に好印象を持たれます。

それでも、自分が一方的に話を聞いてもらう形になった時は、「今日は、話を聞いてくれてありがとう。おかげで気持ちがすっきりした」とお礼を言いましょう。

友人や恋人《こいびと》なら、感謝してもらって悪い気はしないはずです。むしろ、いいことをしたと喜んでくれるはずです。

空気や雰囲気《ふんいき》は目に見えませんが、周りの人の話はちゃんと聞くことができます。

周りの人の話に耳を傾《かたむ》けるだけで、みんなをとても盛り上げるムードメーカーになることができるのです。

順番
順番
おしゃべり権

6

会話がニガテという人も、「うなずく」だけで、話が弾む

「なかなか会話が続かない」「しゃべろうとしても、言葉に詰《つ》まって何を話していいか分からなくなってしまう」。――このような悩《なや》みをよく聞きます。

職場でも飲み会でも、自分から声をかけるのをためらってしまって、なかなか人とのつながりができないことに悩《なや》んでいる人は多いです。「誰《だれ》とでも気さくに話すことができたらいいいな」と思って、会話を盛り上げることができる技術を学びたいという人は少なくないでしょう。

では、どうしたら会話が上手《じょうず》になれるのでしょうか。

昔から「話《はな》し上手《じょうず》は、聞《き》き上手《じょうず》」といわれます。

会話の上手《じょうず》な人は、流暢《りゅうちょう》にしゃべれる人でもなければ、美声な人でもありません。もちろん演技力がある人でもありません。上手《じょうず》に相手の話を聞ける人なのです。

例えば、あなたの周りには饒舌《じょうぜつ》で、しゃべればペラペラといろいろなことを話すことはできるのに、会話になると場がしらけたり、みんな目をそむけたりしてしまう。そんな人はいないでしょうか。

そういう人は、口はうまく回っても、相手の話を聞こうとしないから、一方的に話をしてしまって、会話が成り立たないのです。

逆に口下手《くちべた》で、話をするのが苦手でも、たくさんの人から声をかけられたり、食事に誘《さそ》われたりして、慕《した》われている人もいますね。

そういう人は、聞くのが上手《じょうず》な人なのです。「あの人と会話をすると、とても親身に聞いてくれる」「あの人と話をすると、とても心が和《なご》む、癒《い》やされる」。――そういわれる人は、口下手《くちべた》であっても聞き上手《じょうず》な人が多いです。

ではどうしたら、上手《じょうず》に話を聞くことができるのでしょうか。

これにはいろいろなコツがありますが、いちばん簡単な方法は、相手の話をうなずきながら聞くということです。

「うなずく」とは、首を縦に振《ふ》るだけの簡単なしぐさですが、やるのとやらないのとでは大きな違《ちが》いがあります。これは心理学でも実証されています。


会話におけるうなずきの効果を、マタラゾという心理学者が次のように実験しました。

採用試験の面接の場で、面接官が相手の話に積極的にうなずく場合と全くうなずかない場合で、相手の発言回数がどれだけ変わるかという内容でした。

一人当たりの面接時間は四十五分、そのうち、最初の十五分はふつうに応対する。次の十五分はハッキリと繰《く》り返《かえ》しうなずく。最後の十五分はまたふつうに戻《もど》る。

このようにして、同じ人に対してうなずいた場合とうなずかなかった場合との変化を調べたところ、うなずいた時の十五分の発言量が、うなずかなかった時の十五分よりも五〇パーセントも増えたのです。

「うなずき」があるのとないのとでは、会話の弾《はず》み方《かた》が倍ほど違《ちが》うということです。

なぜ、そんなにも結果が違《ちが》うのでしょうか。それは、話し手が聞き手に求めているのは、自分の話したことに対しての反応《はんのう》だからです。

「うなずく」という行いは、「あなたの話をちゃんと聞いていますよ」というサインなのです。

「うなずく」という反応《はんのう》があると、自分の話を聞いてくれていると安心して、話ができるので、自然と会話が弾《はず》みます。逆に反応《はんのう》がないと、「関心がないのかな」「自分のこと嫌《きら》っているのかな」と不安になりますから、早く会話を打ち切ろうとしてしまうのです。

聞《き》き上手《じょうず》な人は、うなずき方も上手《じょうず》です。単に機械的に首を振《ふ》るのではなく、「ここは相手の分かってほしいところだな」と思うと、強くうなずく。悲しかった思い出についての話になると、悲しそうな顔をしてうなずく。

うなずくだけでは、相手が物足りないだろうなという時は、「そんなことがあったのですか」「それはつらかったですね」と合いの手を入れる。

これだけで、自然と会話が弾《はず》みます。無理して話題を用意しなくてもいいのです。

会話が続かなくて困った時は、話題に問題があったというよりも、お互《たが》いに相手の話に対する反応《はんのう》がきちんとできていなかった場合が多いと思います。

話すことが苦手でも丁寧《ていねい》に相手の話を聞くことを心掛《こころが》ければ、誰《だれ》でも会話《かいわ》上手《じょうず》になることができるのです。

7

「あなたの気持ち、分かります」というメッセージが、相手の心を軽くする

お釈迦《しゃか》さまは、

「『誰《だれ》も自分のことを分かってくれない』と、皆《みな》、苦しんでいる」

と言われています。私たちは、苦しいことや悲しいこと、つらかったこと、頑張《がんば》ったことを、誰《だれ》かに聞いてもらいたい、知ってもらいたいという強い願望を持っています。

自分の悩《なや》みを誰《だれ》にも分かってもらえないと、それだけで心は重く沈《しず》んで落《お》ち込《こ》みます。

逆に、自分の苦しみや悩《なや》みを打ち明けて相手に受け止めてもらえると、それだけで「救われた」と心が軽く楽になります。

「相手の話を聞く」ということは、相手に「あなたの気持ちよく分かります」という共感を伝えることになるのです。

その共感が相手に伝わると、極端《きょくたん》な話、自殺しようかどうかと迷って苦しんでいる人にでも、頑張《がんば》ろうという生きる勇気を与《あた》えることができるのです。

では、私たちはどうしたら、「あなたの気持ち分かります」という共感のメッセージを伝えることができるのでしょうか。

「うなずく」ということについてはすでにお話ししましたが、さらに、もう一歩進んで、とても効果的な、受け答えのコツをお話ししましょう。

それは、相手の話の出来事《できごと》や事実ではなく、相手の気持ちに注目して、その気持ちに対する共感のメッセージを伝えるということです。

例えば、友達《ともだち》が「昨日残業で寝《ね》るのがすごく遅《おそ》かったんだ」と言ったとします。

それに対して、あなたが「へー、何の残業だったの」とか「何時まで会社にいたの」と聞いたとします。すると、「在庫整理……」「夜中の一時まで……」と、ここで会話がストップしてしまいます。これでは、相手の気持ちを受け止めたとはいえません。

なぜなら、その友達《ともだち》は、残業の内容や、何時まで会社にいたかをあなたに知ってほしいわけではないからです。「寝不足《ねぶそく》で大変なんだ」という気持ちを分かってほしくて話をしたのです。

それでは、こんな時はどう反応《はんのう》すればよいでしょうか。

「大変だね。体調は大丈夫《だいじょうぶ》？」と相手を気遣《きづか》う言葉をかけるのがよいのです。すると、「自分の大変さを分かってくれた」とうれしい気持ちになります。特に親しい人だったら、「そんな中、会ってくれてありがとう」と感謝の気持ちを伝えると、相手はよりうれしい気持ちになります。


「最近仕事を変えようと思っているんだ」と言われたら、「辞めてこれからどうするの？」と聞き返すのではなく、「何か嫌《いや》なことでもあるの」と聞くのがいいですね。

嫌《いや》なことがあるから、今の仕事を辞めようと思ったわけです。それをあえて、あなたに語ったのは、別の仕事をあっせんしてもらおうと思ってのことではありません。その嫌《いや》だった気持ちを聞いてほしかったからです。

子供がお母さんに「こないだ、跳《と》び箱《ばこ》を跳《と》べるようになったんだよ」と言うのは、お母さんに褒《ほ》めてもらいたいからですね。

この場合は、「へー、よかったね」とさらりと答えるのでなく、「頑張《がんば》ったね。跳《と》べた時、うれしかった?」と、跳《と》べた時の感動を一緒《いっしょ》に共感すると、子供は喜びます。

「相手の気持ちを思いやって聞く」ということを心掛《こころが》けることで、目の前の人を幸せにすることができます。自分から何か新しい話題を提供したり、何か説得力のあるアドバイスをしたりするよりも、ずっと効果的なのです。

相手の言葉に込《こ》められた「分かってほしい」という気持ちを受け止めて、そこに一言添《そ》えていくと、「自分の気持ちを分かってくれた」と、相手は心の底から救われた気持ちになります。

そうすれば、あなたはその人にとって、なくてはならない存在になるのです。

相手の気持ちに対する
共感のメッセージを
伝えることが
いちばん大切

よかったね
僕もうれしいよ！
分かってもらえた！

6章

周りの人を思いやり、親切にすれば、必ず、自分も大事にされる

自分のことばかり考えていると、独りぼっちになる

1

「どうしてもっと優しくしてくれないの？」
相手を責めても、何も解決しません

私たちは「優しくされたい」「大事にされたい」「必要とされたい」と思って生きています。恋人《こいびと》や家族から優しくされたら、とてもうれしくなり、幸福感を感じます。家族や友人から必要とされると、「頑張《がんば》るぞ」と生きる勇気がわいてきます。

逆に、優しくされず、ないがしろにされ、自分は必要とされていないと感じた時、とても寂《さび》しく、落《お》ち込《こ》んでしまいます。

どうしたら、「優しくされ、大切にされる私」になれるのでしょうか。

「どうしてもっと優しくしてくれないの？　大切にしてくれないの？」と相手を責めても、

何も解決しません。

実は、時代や国を問わず、「優しくされ、大切にされる私」になれる普遍的《ふへんてき》なタネまきがあるのです。お釈迦《しゃか》さまはこれを「布施《ふせ》」と教えられています。

布施《ふせ》とは、「ダーナ」という古代インドの言葉を中国語に翻訳《ほんやく》したものです。ダーナとは「与《あた》える」という意味で、ダーナを音写したのが「旦那《だんな》」という言葉です。

今では「旦那《だんな》」というと、寿司屋《すしや》の板前さんが入ってきたお客さんに「へい、旦那《だんな》。いらっしゃい」と言ったり、奥《おく》さんが夫のことを「うちの旦那《だんな》」と言ったりします。

しかし、旦那《だんな》とはもともと、「与《あた》える人」という意味なのです。たしかに、板前さんにとっては、お客さんがお金を与《あた》えてくれる人ですし、専業主婦の奥《おく》さんにとっては、大黒柱のご主人が家計を支えてくれる「与《あた》える人」になりますね。

布施《ふせ》とは、思いやりの心で周りの人に何かを与《あた》えることをいいます。

お金や物がなくて困っている人、お金や物にはそれほど困っていなくても、優しさに飢《う》えている人、失敗続きで落《お》ち込《こ》んでいる人、悩《なや》みを聞いてもらいたいと思っている人、元気をなくしている人、はたくさんいます。

お釈迦《しゃか》さまは、

「思いやりの気持ちを持って、お金や物、笑顔《えがお》や優しい言葉など、ちょっとしたことでもいいので、あなたができることを与《あた》えてみなさい」

と教えられています。

思いやりの心や優しさで接すれば、相手からも思いやりや優しさが返ってきます。自分勝手に振《ふ》る舞《ま》えば、誰《だれ》もあなたのことをかまってくれなくなります。あなたが周りへとった態度がそのまま、周りのあなたへの態度となって返ってくるのです。

心理学で「返報性《へんぽうせい》の原理」という言葉があります。人間は、相手にしてもらったことに対して、お返しをしなければいけないという気持ちが働くという意味です。誕生日にプレゼントをもらうと、相手の誕生日にもプレゼントをあげなければ、と思う心がそうです。

同じように、優しくすれば、優しくされる。大事にすれば、大事にされる。逆に、冷たく、自分勝手に振《ふ》る舞《ま》えば、周りから嫌《きら》われ、うとまれる。この原理は、当たり前だと思う人もいるでしょうが、実際には実行できていない人が多いと思います。

「大事にされたい」と思ったら、方法は簡単です。人に対して優しく、大事にすればいいのです。

この章では、お釈迦《しゃか》さまが教えられた「布施《ふせ》」を中心に、「大切にされるあなた」になるためのタネまきの方法をお話ししていきます。

人にあげた物が返ってくる
お返しでーす
思いやり
ポーン

2

気がつけば独りぼっち……

自分のことしか頭にない人の、そばにいたいと思う人はありません

人間は皆《みな》自己中心的です。だから意識するしないにかかわらず、自分のことを最優先に考えてしまいます。

人間である限り、まず自分のことを最優先に考えてしまうのはしかたありません。しかし、自分のことばかり考えていると、次第に自分から周りの人が離《はな》れていき、気がついた時には、独りぼっちになってしまいます。

大手《おおて》企業《きぎょう》に勤めているある部長さんと食事をした時、こんなことを言われました。

「自分は、仕事が人よりもずっとできる。出世も早かったし、若いうちにマンションだって購入《こうにゅう》した。経済的にもそれなりに蓄《たくわ》えがある。だけど、なんか孤独《こどく》なんだよ」

「そんなにうまくいっているのに、どうして孤独《こどく》なんですか」

と聞くと、

「自分がこれまで必死になってアイデアを出したり、努力して、いろいろな企画《きかく》を通したりしてきた。それなのに、ねたんだり、うらやましがったりするやつはいても、一緒《いっしょ》に苦労してくれたり、喜んでくれる仲間がいないんだよな。いつも独りでやってきたんだ」

この時、部長さんはだいぶ酔《よ》っていたのでしょうが、本音でした。

仕事はうまくいっても、心は満たされないのです。「誰《だれ》よりも前に」とトップを走っているつもりが、気づいたら、周りに誰《だれ》もいなくなって、独りで走っている自分に気づいたというのです。

それから、部長さんは、これまでの自分の苦労話をとめどなくされました。

入社したばかりの頃《ころ》は、寝《ね》る間《ま》を惜《お》しんで働いた。好きでもないゴルフを接待のために一生懸命《いっしょうけんめい》練習した。頭の固い上司とケンカになりながらも、企画《きかく》を納得させて通した。トラブルが起きた時は、自分が責任をとって取引先に土下座して謝った。今のこの部署だって、俺《おれ》が作ったようなものだ――。

聞けば、人一倍の努力をされてきたのですが、この方の話の中には一度も、自分以外の人が出てこないのです。「全《すべ》て自分が、俺《おれ》が」という話ばかりでした。

そこで、こう聞いてみました。

「本当に血のにじむような努力をしてこられましたね。でも、あなたのお話は、全部自分のことばかりですね。例えば、同僚《どうりょう》や部下に喜んでもらえたとか、感謝してもらえたとか、自分以外の誰《だれ》かを喜ばせた、ということはなかったのですか」

怒《おこ》るかなと思って、そっと顔色をうかがうと、苦笑いされながら、

「そうだよね。だから、寂《さび》しくなっちゃうんだよね」

と納得されていました。

仏教では、オレが、オレがと自分のことばかりで頭がいっぱいになってしまっている状態を我利我利《がりがり》といいます。そして、我利我利《がりがり》な人は、不幸な人なのだといわれます。

「我が利益、我が利益」ということですから、自分のことばかりで、他人のことなどおかまいなしの状態です。

たとえ物質的には恵《めぐ》まれても、独りぼっちになってしまいます。

なぜなら、自分のことしか頭にない人の、そばにいたいと思う人はありませんから、みんな離《はな》れていきますし、心の中に自分しかいないのですから、たくさんの部下や社員に囲まれていても、やっぱり独りぼっちになってしまいます。

では私たちは、どうしたら心が満たされるのでしょうか。

お釈迦《しゃか》さまは、

「自分のことしか考えていない人は必ず、独りぼっちになってしまうのだよ。だから、周りの人の幸せを思いやりなさい。そうすればあなたの心は満たされるのだよ」

と教えられています。

家族や友達《ともだち》、仕事の仲間の成功や幸せを、いつもよりも少しだけ多く思いやってみましょう。家族や友達《ともだち》の喜ぶ姿が心にあれば、独りでいる時も、あなたの心の中には、それらの人たちの笑顔《えがお》があふれるはずです。

3

なぜ、親切がよいことなの？

幸せは、相手と自分の間に生まれる

私たちは、子供の頃《ころ》から「人に親切にしなさい」とか「優しくしなさい」と家庭や学校で教えられてきました。たしかに、人に優しくしたり、親切にしたりすることは大事だし、よいことだとは思います。

でも、「なぜ、親切がよいことなの？」と聞かれると、なかなか答えられません。よいことだとは思っても、その理由がよく分からないと、「面倒《めんどう》くさいし、疲《つか》れるから、自分のことだけ考えておこう」と思って、自己中心的な自分に戻《もど》ってしまいます。

お釈迦《しゃか》さまは、

「人を思いやり、優しくすることは、相手を生かすだけでなく、自分を明るくまっすぐ生かす、幸せのタネまきなのだよ」

と教えられています。

ある時、このことを強く知らされるニュース番組を見ました。

そのニュースによると、日本では刑務所《けいむしょ》を出所した人のなんと四割が、再犯で戻《もど》ってくるという深刻な問題があり、アメリカでも同様の問題があるそうです。

そのアメリカでは、刑務所《けいむしょ》で、囚人《しゅうじん》たちにあるプログラムを導入したところ、再犯率が劇的に下がりました。プログラム導入後、十五年間、誰《だれ》も再犯で戻《もど》ってこなくなった刑務所《けいむしょ》もあるそうです。

そのプログラムとは、囚人《しゅうじん》一人ひとりに犬の面倒《めんどう》を見させて、寝食《しんしょく》をともにして世話をさせるというものでした。

殺人や殺人未遂《さつじんみすい》という重い罪を犯した人たちは、自分以外の人や生き物に愛情を注ぐという経験に乏《とぼ》しい人が多いのです。愛情に恵《めぐ》まれない不幸な家庭環境《かていかんきょう》に生まれたことで、そうならざるをえなかった受刑者《じゅけいしゃ》もいるのでしょう。

その受刑者《じゅけいしゃ》たちに、捨て犬や虐待《ぎゃくたい》を受けてきた犬、このままでは殺処分されてしまう犬たちの面倒《めんどう》を三カ月間見させます。そして三カ月後、しつけや行儀《ぎょうぎ》が身についた犬は、里親の元に引き取られていくのです。

犬との触《ふ》れ合《あ》いの中で、受刑者《じゅけいしゃ》たちは思いやりの心を取《と》り戻《もど》していきました。

二十二歳のある青年は述懐《じゅっかい》します。

「ある日、その犬が独房《どくぼう》にいた時、僕《ぼく》のことを何ともいえない目で見ていた。どこかで見た目だと思った。それは昔、小さい弟が僕《ぼく》を見つめている目と同じだった」

「僕《ぼく》は殺人未遂《さつじんみすい》でここに入っている、薬にも手を出し、暴力的な人間で、まるで別人のようだった。もう昔の生活には戻《もど》らない。悪の道には進まない」

また、十九歳の少年は、このように語っていました。

「俺《おれ》は自己中心的な人間で、他人にも関心がありませんでした。ところが、犬と接して分かったのは、犬も人間も感情を持っている。相手のことを思いやることが大事だと分かった。この子を素晴らしい犬にすることで、飼う人を幸せにできます」

そして三カ月後、犬との別れがやってきます。犬たちは里親の元へ引き取られていきます。中には、別れの悲しみで泣きだす受刑者《じゅけいしゃ》もいます。

「自分が飼いたいけれど、この子が幸せになるならうれしいです」

「犬はここに来なければ安楽死させられていた。幸せになってほしい」

涙《なみだ》を浮《う》かべて犬の幸せを願って見送る受刑者《じゅけいしゃ》たちには、かつての凶悪《きょうあく》な面影《おもかげ》はありませんでした。他人のために役に立つことができる人間になりたいと、社会への復帰の意欲をそれぞれに語っていました。このようなプログラムは現在、日本の刑務所《けいむしょ》でも導入されている所があります。

誰《だれ》かを思いやるという力は、殺人や殺人未遂《さつじんみすい》という重い罪を犯した荒《あ》れ果《は》てた受刑者《じゅけいしゃ》たちの心を、ガラリと生まれ変わらせたのです。


この囚人《しゅうじん》たちは犬を助けたのでしょうか？

それとも犬に助けられたのでしょうか？

答えはどちらも正解です。

仏教では、これを「自利利他《じりりた》」といいます。他人を幸せにすること（利他《りた》）で、自分が幸せになる（自利《じり》）という意味です。

本当の幸せとは、自分だけが独《ひと》り占《じ》めにするものではありません。相手と自分の間に生まれるものなのです。思いやり（布施《ふせ》の心）は、自分がまっすぐ生きる力の源になるのですね。

「情けは人のためならず」ということわざがあります。親切（情け）は、巡《めぐ》り巡《めぐ》って自分に返ってくるのだから、相手のためではなく、自分のためになるのだという意味なのです。

自利利他
他人を幸せにすることで
自分が幸せになる

4

「感じのいい人」の共通点

笑顔と優しいまなざしは、あなたの魅力を倍増させる

周りの人から好印象を持たれたい、「あの人は感じのいい人だな」と思われたい。これはみんなが思うことでしょう。

実は、仏教の教えにあるちょっとした心掛《こころが》けを実践《じっせん》すれば、あなたの印象はガラリとよい方向に変わります。

それは、お釈迦《しゃか》さまの教えの中にある「無財《むざい》の七施《しちせ》」です。

これは、お金や物がなくてもできる七つの親切という意味です。この七施《しちせ》の中にある「眼施《げんせ》」と「和顔悦色施《わげんえつしょくせ》」を実践《じっせん》すると、あなたの印象がとてもよくなるのです。

眼施《げんせ》とは、優しい温かいまなざしで周囲の人々に接することです。

「目は口よりも物を言う」「目は心の鏡」といわれるように、人間の目ぐらい、複雑な色合いを写し出すものはありません。

人間の目にたたえられた和《なご》やかな光は、人々をなぐさめたり、励《はげ》ましたりする力があります。特に、落《お》ち込《こ》んでいる人は、優しいまなざしで見つめられるだけで、とっても元気になるのです。

初対面の人に対して効果的なのは、気の利いた言葉よりも優しいまなざしを送ることです。会った最初に、相手から優しいまなざしを送られると、その人のことを悪い人だとは絶対に思わなくなるからです。

「話しやすそうな人だな」と好印象を持たれれば、自然と会話も弾《はず》みます。思いがけない素敵な出会いに発展するかもしれません。

口数が少なかったり、口下手《くちべた》な人でも、周りから「何となくいい人だな」「癒《い》やしのムードメーカーだな」「あの人がいると場が和《なご》む」などと思われます。

でも、「どうしたら優しいまなざしになれるのか」と思う人もいるでしょう。そのコツは、自分の目線を相手の目に向けることなのです。

まず、挨拶《あいさつ》をする時は相手の目を見て挨拶《あいさつ》をします。

これだけで、印象の残り方が全く違《ちが》います。そして、相手が何かを話し始めた時も、相手の目を見ます。

ずっと見続けると、相手が話しにくくなってしまうので、見つめて十秒ほどしたら、相手の口元や胸元に目線を移します。また、相手の目に視線を戻《もど》します。そして時折、「うんうん」とうなずきます。

この一連の動作を続けると、「この人はなんて丁寧《ていねい》に自分の話を聞いてくれるのだろう」と相手は感動し、好印象を持ちます。

「和顔悦色施《わげんえつしょくせ》」は、優しいほほえみをたたえた笑顔《えがお》で、人に接することです。笑顔《えがお》やほほえみをプレゼントするという意味ですね。

仏教だけでなく、医学的にも心理学的にも、笑顔《えがお》が健康に与《あた》える好影響《こうえいきょう》が実証されています。「一日一笑　医者いらず」という古い格言もあります。

笑顔《えがお》は免疫効果《めんえきこうか》を高めて病気になりにくくし、ストレス解消、軽い運動の効果もあると医学からもいわれます。さらに、ダイエットにもつながるそうです。

また、最初は作り笑いでも、笑っているうちに本当に気持ちも和《やわ》らぎ、気分も上向きになってくると心理学ではいわれます。

笑顔《えがお》でいると、周りのあなたへの印象は、とてもよいものになります。

あなたの魅力《みりょく》が二倍にも三倍にも増え、周りからも山彦《やまびこ》のように笑顔《えがお》が返ってきます。

人間関係も、とてもスムーズになります。

「周りに合わせて笑顔《えがお》を作ろう」なんて後ろ向きに考える必要はありません。自分のストレス解消、健康や美容へプラスになると考えれば、自然と笑顔《えがお》を心掛《こころが》けることができます。

その結果として、あなたも周りの人たちも癒《い》やされて、元気になれるのです。

笑顔が山彦のように返ってくる

5

人間関係の悩み解消法

トラブルの原因は言葉遣い

私たちが毎日悩《なや》み、苦しむことの多くは、人間関係上の悩《なや》みが中心です。

でも、そうした悩《なや》みは、病気や借金の苦しみとは違《ちが》って、ちょっと心掛《こころが》けを変えてみることで、ガラリと解決できることがほとんどなのです。

なぜなら、人間関係のトラブルのきっかけになっているのは、ほとんどが言葉遣《ことばづか》いなので、そこに気をつければ、その瞬間《しゅんかん》からよりよい人間関係を築けるからです。

お釈迦《しゃか》さまは「無財《むざい》の七施《しちせ》」の中で、「言辞施《ごんじせ》」と「心施《しんせ》」を教えられています。

言辞施《ごんじせ》とは、心からの優しい言葉をかけるという意味です。もっと簡単にいうと、「褒《ほ》める」ということです。

心施《しんせ》とは、心からの感謝の言葉を伝えるという意味です。簡単にいえば、「ありがとう」と言うことですね。


「素晴らしいですね」「大変でしたね」「本当にうれしいです」「感謝でいっぱいです」

苦しい時に優しい言葉をかけてもらったり、自分の苦労や努力をねぎらってもらい、感謝の言葉を言われたりする。それだけで、人は「やってよかったな」「頑張《がんば》ってよかったな」と思ってうれしい気持ちになるものです。

小遣《こづか》いをもらったり、何かを買ってもらったりするのもうれしいですが、言葉のプレゼントは、それ以上に心にずっと残りますね。うれしい一言は、何年たっても忘れず、自分を励《はげ》まし続けてくれるからです。

うれしい一言を相手に届けることができれば、一生、相手から好意を持たれることだってあるのです。

相手を褒《ほ》める時に、知っておくとよいことがあります。それは、人間は結果よりも、それまでの努力や苦労を褒《ほ》めてもらったほうが何倍もうれしいということです。

手料理を振《ふ》る舞《ま》われた時には、作ってくださった方の工夫や苦労がどこにあるかを探すように心掛《こころが》けるとよいでしょう。

例えば、魚の煮《に》つけが骨まで軟《やわ》らかいなら、かなりの時間、煮込《にこ》まれたのかもしれません。圧力鍋《あつりょくなべ》を使われたのかもしれない。魚の臭《くさ》みがないなら、いろいろな薬味を入れられたはず。そういう時に、「だいぶ時間をかけられたのでしょう。圧力鍋《あつりょくなべ》を使われたんですか」「どんな薬味を入れられたんですか。とても食べやすいですね」と言うと、とても喜ばれます。

ただ「おいしいですね」と言うだけでは、作ってくださった方の苦労にはとても見合わないと思うので、相手の苦労や気配りを少しでも探すことが大切です。

レストランでごちそうになったのなら、数ある中でも、その店を選ばれた理由があるはずです。

「素敵なお店ですね。どうやって探してくださったんですか。ありがとうございます」とお礼を述べる。すると、「目に見えない自分の苦労に気がついてくれたんだな」と、とても喜ばれます。

素敵なレストラン、料理がおいしいというのは、目に見える結果です。そこに至った相手の方の苦労や努力、工夫は目には見えませんが、そこに気づいて褒《ほ》めたり、お礼を述べたりすることができると、相手はあなたをますます好きになるでしょう。

相手の苦労や努力、工夫がすぐ見つからない時は、単に「おいしいです」「うれしいです」「ありがとうございました」とだけ言うのではなく、なんでおいしかったのか、うれしかったのか、ありがたかったのかという具体的な理由を言いましょう。

それを聞いた相手は、「ちゃんと分かってくれたんだな」と感心して、あなたに好意を持ってくれます。

優しい言葉をどんどん使おう

6 ちょっとした思いやりの心を持てば、どんな人でも、周りを明るくできる

思いやりの心で周りの人に何かを与《あた》えることを、「布施《ふせ》」といいましたね。

お金や物がなくてもできる七つの親切「無財《むざい》の七施《しちせ》」についてお話ししてきましたが、この中に、「身施《しんせ》」というタネまきもあります。

身施《しんせ》とは、体を使って周りの人に奉仕《ほうし》することです。ボランティアといってもいいですね。

ボランティアと聞くと、東日本大震災《ひがしにほんだいしんさい》の被災地《ひさいち》に、仕事を休んで行ったり、休日を返上して、地域のお年寄りのお世話をしたりするような本格的な活動を想像して、「私にはと

てもできない」と言う方もいます。

でも、ちょっとした思いやりの心を持てば、「私には何もできない」ではなく、どんな人でも周りを明るく優しい気持ちにすることができるのです。

例えば、お年寄りの方と並んで歩いた時、さっと荷物を持ってあげたり、そっと車道側に回ったりして、体で思いやりの心を表す。

家庭やオフィスでは、たまったゴミを捨てる、机の上を整理する、なくなった消耗品《しょうもうひん》や日用品を率先して買ってくることも身施《しんせ》です。

面倒《めんどう》くさがって見て見ぬふりをしたり、他人になすりつけたりすることが多い中、自分が率先してそうしたことをやってみると、いろいろなことが知らされます。

まず、今まで気がつかなかった周囲の人の苦労を知らされます。家庭なら、「トイレットペーパーを切らさず、補充《ほじゅう》し続《つづ》けているのは大変なんだな」と知り、家族がしてくれているいろいろなことに感謝するきっかけになります。

会社なら、オフィスの備品の補充《ほじゅう》がそうですね。「今まで何にも考えずに使っていたけど、補充《ほじゅう》してくれる人がいたんだな」と、他人の苦労を察する気持ちが生まれます。

今まで気づかなかった周りの人の苦労を知れば、感謝の気持ちがわいてきますから、次第に人間関係もよくなっていきます。また、誰《だれ》がやってもいいような雑務を自然にできると、「あの人は腰《こし》が低い人だ」「謙虚《けんきょ》な人だ」「苦労をいとわない人だ」「立派な人だ」といわれて、尊敬の念を抱《いだ》かれるようになります。

また、「無財《むざい》の七施《しちせ》」の中に、「床座施《しょうざせ》」という親切もあります。

床座施《しょうざせ》とは、座を譲《ゆず》るという意味です。つまり、譲《ゆず》り合《あ》いのことです。俺《おれ》が、私がと我《が》を通そうとしてケンカになるよりも、相手に譲《ゆず》ったほうがずっと気持ちよくやっていけます。

私の子供時代、弟とテレビのチャンネル争いでよくケンカになりました。話し合いで折り合いがつかず、最後は力ずくで私がチャンネルを奪《うば》ったことがよくありました。

そんな時、弟は悔《くや》しさのあまり嫌《いや》がらせで、わざとそばで大声で泣《な》き叫《さけ》ぶのです。意地になった私は、泣《な》き叫《さけ》ぶ弟の横でヘッドホンを着けてテレビを見続けていましたが、楽しくも何ともありませんでした。あの時、弟にチャンネルを譲《ゆず》ってやって、一緒《いっしょ》に見たほうがずっと楽しかったなと思います。今では笑い話ですが、大人になっても似たようなことをしている人が、けっこう多いように思われます。

宴会《えんかい》でどちらが上座に座るかでいがみ合う部長たち。「今度は俺《おれ》の番」とカラオケのマイクを奪《うば》い合《あ》う人たち。車を運転すると、「絶対に自分の前に割《わ》り込《こ》みはさせない」と車間を詰《つ》める人たち。品切れになると聞いて、水や食料を買《か》い占《し》める人たち……。そんな時、お先にどうぞと譲《ゆず》るのが床座施《しょうざせ》です。

無理に我《が》を通そうと争うよりも、よいことをしたなと、とても清々《すがすが》しい気持ちで一日を過ごすことができます。

サッ
ゴミ
また彼女がやっている
感心な子だな

7

「相手が間違い。自分が正しい」

相手を一方的に責める気持ちをリセットしてみよう

ちょっとしたことで、私たちは腹を立ててしまうことがあります。腹が立つと、相手の欠点や間違《まちが》っているところを探し出して、相手を責めてしまいます。

いったん「相手が間違《まちが》っている。自分が正しい」と思《おも》い込《こ》むと、「腹が立つのは相手が悪いからだ、自分は間違《まちが》っていない」という理屈《りくつ》になり、ますます一方的に相手を責め続けてしまいます。

実は、私たちが腹を立てるのは、相手が間違《まちが》っているからではないのです。お釈迦《しゃか》さまは、次のように教えられています。

「私たちが腹を立てるのは、相手が間違《まちが》ったことをしたからではなくて、自分の欲求が満たされなかったり、妨《さまた》げられたりするからなのだよ」

このことに気がつくと、相手に対する一方的な責めモードが解除されて、怒《いか》りの心が和《やわ》らぐのです。

夫との関係に悩《なや》む奥《おく》さんの相談を受けた時のことです。

「うちの主人は、本当にダメな人なんです。要領が悪いから、帰ってくるのも遅《おそ》いんです。そのくせ、家にいる時はほとんどしゃべらない。何してもらっても当たり前で、だらしない。一緒《いっしょ》にいると、本当に腹が立ってしかたがありません」

夫の悪い部分や欠点を次から次へと挙げられます。そして、「だから自分が腹が立つのは当然だ」「私でなくても、あんな人と一緒《いっしょ》にいたら誰《だれ》でも腹が立つ」ということを繰《く》り返《かえ》し訴《うった》えてこられました。私はひととおり話を聞いたうえで、

「よく耐《た》えておられますね。ところで、あなたはご主人にどうなってほしいと思いますか」

と尋《たず》ねてみました。すると、

「もっと話を聞いてほしいし、食事でもちゃんと、おいしいとかおいしくないとか言って

ほしい。何も言わないから、無視されているようで腹が立つんです」

と言われました。

「そうですね。ご主人にはいろいろ欠点があるようですが、欠点に対してというより、もっと会話が欲しいのにこたえてくれないところに腹が立つんですね」

と言うと、

「そうなんです。こんなに寂《さび》しい思いを我慢《がまん》しているんです」

「あなたが会話がなくて寂《さび》しいと思っていることを、ご主人はご存じですか」

「いいえ、鈍感《どんかん》なので気がついていないと思います」

「だったら、その気持ちを正直に伝えてみたらどうでしょう」

「たしかに、責めるばかりで、自分の気持ちをちゃんと伝えていませんでした」

と、だんだん怒《いか》りが落ち着いてきたようでした。

奥《おく》さんが腹を立てていたのは、夫が自分の話を聞いてくれず、寂《さび》しかったからなのです。夫の欠点をたくさん挙げたのは、「間違《まちが》っているのは夫。自分は正しい」と自分を正当化するためだったのです。

だから、夫の欠点をどれだけ責めても、怒《いか》りが治まらなかったのです。

私たちも相手を責めている時は、「自分は正しい、相手は間違《まちが》い」といろいろな理屈《りくつ》で正当化しています。

でも、どうして腹が立つのかを見つめると、相手が間違《まちが》っているからではなく、自分の欲求が満たされなかったり、妨《さまた》げられたりするからなのです。

このことに気づくと、「相手が悪い」と一方的に責める気持ちが和《やわ》らいで、自分の「こうしてほしかった」「これが嫌《いや》だった」という素直な気持ちを伝え合おうとする前向きな努力につながるのではないでしょうか。

腹が立つのは
自分の欲求が
満たされなかったから

8

嫌いな人のことが気になって、苦しい時は、ちょっと落ち着いて自分の心を見つめてみよう

誰《だれ》でも自分の周りには、どうも苦手で気の合わない人が一人や二人はいるものです。

「あの人は苦手だな」「なんか嫌《いや》な感じだ」と思ってしまうと、一緒《いっしょ》にいるのも嫌《いや》になったり、その人の何気ないしぐさも気になったりしてしまいます。

苦手な人とはなるべく関《かか》わらないようにするのも一つの手ですが、部署が一緒《いっしょ》になる、直属の上司になるというように、避《さ》けようがないこともしばしば起こります。

お釈迦《しゃか》さまは、どんな人も避《さ》けることができない苦しみの一つに、「怨憎会苦《おんぞうえく》」を挙げられています。

怨憎会苦《おんぞうえく》とは、嫌《きら》いな人に出会う苦しみのことですが、お釈迦《しゃか》さまの時代も今も、生きている限り付きもののようです。

でも、どうせ逃《に》げ切《き》れない苦しみなら、この苦しみをきっかけに自分が成長しないと、もったいないですね。実は、自分の心の一部が相手に映って、相手のことが嫌《きら》いだと思ってしまっている場合もけっこう多いのです。


「職場の上司が嫌味《いやみ》な人で、何か言われるたびに腹が立つんです」

と、メルマガ読者の方から、職場での人間関係の相談を受けた時のことです。

「どこが嫌《いや》に感じるのですか」

と聞いたところ、上司は何でも断言口調で、他人の間違《まちが》いを容赦《ようしゃ》なく指摘《してき》して、自分の考えやアイデアが正しいことを主張するそうです。それがすごく傲慢《ごうまん》で、図々《ずうずう》しく感じる。

「なんであんなに無遠慮《ぶえんりょ》になれるんだろうか。それが嫌《いや》でたまらない」ということでした。

それに対して、こう聞き返してみました。

「みんなに遠慮《えんりょ》して何も言わないほうが、会社にとって不利益なこともあるのでは」

すると、たしかにその上司は仕事に積極的で、そういう面では周りから評価されている

した。
先生からずいぶんひどいことを言われたことが、今でも忘れられないと打ち明けてくれま
と質問してよく話を聞いてみると、中学校の担任の先生が上司と似たタイプの人で、その
「何かその上司の口ぶりが、嫌《いや》なことでも思い出させるんでしょうか」
ということでした。そこで、もう少し突《つ》っ込《こ》んで、

つまり、「上司＝嫌《きら》い」ではなく、上司の口調が昔の嫌《いや》な記憶《きおく》を思い出させて不快な思いを抱《いだ》いていたのです。その方は、嫌《きら》いなのは上司でなく、昔の嫌《いや》な思い出だったと分かり、自分を見つめ直すことができて、気持ちが楽になったと言われました。


「浦島太郎《うらしまたろう》」という昔話に出てくる乙姫《おとひめ》さまが、竜宮城《りゅうぐうじょう》で魚たちを集めて「さて皆《みな》さん、この玉の色は何でしょう」と聞きました。カレイは「薄茶色《うすちゃいろ》！」サバは「青色！」クロダイは「黒！」と口々に答えます。乙姫《おとひめ》さまは笑いをこらえて言いました。

「皆《みな》さん！　この玉は無色透明《むしょくとうめい》なんですよ。皆《みな》さんは、自分の姿がこの玉に映ったのを玉の色と思っただけ」

私たちの目も同じです。

自分の感情、思いを抜《ぬ》きにして、客観的に物事を見ることは絶対にできません。あなたが見ている世界は、あなたの心が映ったものなのです。

嫌《きら》いな人を避《さ》けられずに苦しんでいる時、ちょっと落ち着いて、どうしてその人を嫌《きら》いに思うのかを考えてみましょう。

「厳しかった父親に口調が似ている」「えこひいきした担任の先生と、雰囲気《ふんいき》が似ている」「小学校時代のいじめっ子に似ている」など、昔の自分のつらい思い出が相手に投影《とうえい》されているのかもしれません。それが分かれば、その人自身が嫌《きら》いなのではなく、昔のつらい経験を思い出すのが嫌《いや》だったのだと、心が整理されるでしょう。

自分をより深く知るきっかけに「嫌《きら》いな人」がなってくれるかもしれません。

それでも、なかなか嫌《きら》いな人のことが気になって、落ち着かなかったり、つらい思いをしたりしてしまうことがあります。そういう時は、なるべく相手のことを考えず、気にしないことです。

「それができれば苦労しないよ」と思うでしょうが、考えてもみてください。

あなたが夜中、どんなにその人が憎《にく》たらしいと思って眠《ねむ》れなくても、当の本人はいびきをかいてグーグー寝《ね》ています。

好きな人のことを思って煩《わずら》うならまだいいですが、嫌《きら》いな人のために、あれこれと自分の時間やエネルギーを奪《うば》われてしまうのは、これほどもったいないことはありません。

そんな時間があれば、自分のために費やしたほうがずっと価値があると思いませんか。

9

親切の請求書は、捨ててしまいましょう

よいタネまきは、必ずあなたに返ってきます

私たちは、誰《だれ》かに親切をすると、どうしてもお礼を言ってほしいとか、もっと喜んでくれてもいいのにと、お礼や見返りを求める心が出てきます。

自分の満足いくお礼や感謝の言葉がなかったり、親切した時の反応《はんのう》が鈍《にぶ》かったりすると、「やらなければよかった」と後悔《こうかい》したり、心の中で相手をののしったりしてしまいます。

また、相手のために尽《つ》くせば尽《つ》くすほど、「これだけ尽《つ》くしてやっているのに」という気持ちも出てきて、「こんなに私はあなたのためにやっている。どうだ、喜びなさい」と相手に請求書《せいきゅうしょ》を突《つ》きつけたくなってしまいます。

せっかく相手に善《よ》いことをしても、その相手を憎《にく》んで、自分が苦しむ結果になるなら、とても悲しいことです。

お釈迦《しゃか》さまは、

「親切をした相手にお礼や見返りの請求書《せいきゅうしょ》を突《つ》きつけなくても、必ずまいたタネまきは巡《めぐ》り巡《めぐ》って、あなたのところに返ってくるのだよ」

と教えられています。

だから、期待していたお礼や感謝の言葉が相手からない時は、貯金していると思えばいいのです。

そして、お釈迦《しゃか》さまは、親切をする時は、「私が」「誰々《だれだれ》に」「何々を」、この三つを忘れるようにしなさいと教えられています。これを三輪空《さんりんくう》といいます。

あなたが善《よ》いタネまきをすれば、必ずその結果はあなたに返ってくるのです。

親切をした相手から直接返ってくることもあります。巡《めぐ》り巡《めぐ》って、違《ちが》う形で返ってくることもあります。数日のうちに返ってくることもありますし、数年を経て返ってくることもあります。

忘れてしまってもちゃんと返ってくるのだから、「私が」「あなたに」「こんなことをしてやった」という請求書《せいきゅうしょ》を捨ててしまいましょう。

いつまでも覚えていると、「いつ返してくれるんだ」と、まるで借金取りの催促《さいそく》のように、相手に請求書《せいきゅうしょ》を突《つ》きつける態度になります。

すると、親切をされた相手も重荷に感じてしまいます。「別に頼《たの》んだわけではない」「そんなに言うなら、最初からやらなければいいじゃないか」と反発します。

せっかく相手のためを思ってやったことが、ケンカのタネになってしまうのでは、とても残念ですね。

「彼氏のためにこれだけ尽《つ》くしているのに、全然感謝してくれない」「会社のためにこんなに頑張《がんば》っているのに、上司は全く認めてくれない」「家族のためにこんなに一生懸命《いっしょうけんめい》働いているのに、妻も子供も分かってくれない」「家事や子育てを一人で頑張《がんば》っているのに、夫は何も分かっていない」――。

誰《だれ》でもこうした悩《なや》みを持っています。

そんな時、お釈迦《しゃか》さまの言われるように、「私が」「誰々《だれだれ》に」「何々を」、この三つを忘れるように心掛《こころが》けてみましょう。

肩《かた》の力が抜《ぬ》けて、自然体で周りの人に接したり、親切したりできるようになります。力《りき》みが抜《ぬ》けて、相手が受け取りやすい親切ができるようになります。

すると、あなたにはたくさんの感謝やお礼のメッセージが届くようになるでしょう。

不思議なもので、親切の見返りを自分から要求しなくなると、逆に、感謝やお礼がどんどんやってくるようになるのです。

お礼の言葉がない!!

7章

あなたには、たくさんの、
小さな優しさや思いやりが
届けられている

支えられていることを知れば、
感謝の心がわいてくる

1

「全然、分かってくれない」「全く助けてくれない」「してくれない」の口ぐせが、あなたの世界を孤独にする

メルマガの女性読者の方と会って相談を受けた時のことです。才色兼備《さいしょくけんび》で、経済的にも不自由していない方でしたが、

「夫は全くかまってくれません。子供は全然、自分の気持ちを分かってくれません。両親は昔から全然、助けてくれません。いつも孤独《こどく》なんです」

と訴《うった》えてこられました。

しかし、私から見ると、夫や家族に支えられているし、実家の両親からもそれなりに支《し》援《えん》してもらっています。「恵《めぐ》まれている人だな」と思いました。

「してもらったことは一つもないのですか」

と私が尋《たず》ねても、

「ないことはないけれど、他の人はもっとしてもらっている」

と言われます。

そこで、私はノートを取り出して真ん中に線を引き、「してもらえなかったこと」「してもらったこと」の二つの欄《らん》を作り、その女性に聞きながら書《か》き込《こ》んでいきました。

「会話がない」「お礼を言ってもらえない」「言うことを聞いてくれない」……。してもらえないことはどんどん出てきます。

してもらったことは、自分からは出てこないので、私から質問しました。

「今の生活は誰《だれ》が支えてくれていますか？」

「……はい、主人です」

「子供の時、ご両親に看病してもらったことは？」

「……よくありました」

このように聞いていくと、「してもらえなかった」欄《らん》に書《か》き込《こ》まれた数よりも、「してもらった」欄《らん》に書《か》き込《こ》まれた数のほうが多くなっていました。

この女性は、「してもらえなかった」ことばかりを見てしまい、実はたくさんの人に支えられていることを見ようとしていなかったのです。

「自分はいつも独りぼっちだ」という思《おも》い込《こ》みから、周りから支えてもらっていることに気づけず、「やっぱり、私は独りだ」と苦しんでいたのです。

そして、ますます「してもらえなかったこと」に目が行ってしまう負のスパイラルにはまってしまい、悪いほうに悪いほうに考えが行ってしまっていました。

「してもらったこと」欄《らん》を指し示しながら、私はその方に対してこう言いました。

「たくさんの方に支えられてきたんですね。あなたは全然、独りじゃないですよ。思いどおりにならない部分だけではなくて、もっと支えてもらったところに目を向けたら、心の景色《けしき》はガラリと変わりますよ」

「自分は独りじゃなかった」ということに気づいて、思わず泣きだされたのですが、しばらくして落ち着くと、

「ありがとうございます。もっといい面を見るように努力してみます」

と言われ、晴れやかな笑顔《えがお》で別れることができました。

恵《めぐ》まれた環境《かんきょう》にあっても、「あれをしてくれない。これをしてくれない」と不平や不満で感謝ができず、独りぼっちになってしまっている人がいます。

相手に求めるよりも、相手の小さな思いやりに感謝しましょう。相手にばかり要求すると、現実のちょっとした相手のあなたへの思いやりに気づかなくなります。現実の相手を見てあげましょう。あなたの周りには、たくさんの小さな思いやりや優しさがあふれています。

夜空を見つめていると、だんだんと星のきらめきが見えてきます。太陽が沈《しず》むと、昼間は太陽の光にかき消されていた星の光に気づくようになるのです。

「あれしてくれない」「これしてくれない」という心をちょっと抑《おさ》えてみると、あなたに届けられているたくさんの小さな優しさや思いやりに気づくようになります。

あれしてくれない
これしてくれない
僕は
不幸だ!!

2

「何事にも感謝しよう」といわれても……
「してもらったこと」を、あっという間に忘れる私

よく「感謝ができない」という悩《なや》みや相談を受けることがあります。

子供の頃《ころ》から、学校や両親から「感謝しなさい」と教えられてきました。いろいろな自《じ》己啓発書《こけいはっしょ》の中にも、「何事にも感謝しよう」と書かれています。

ですが、「感謝しなさい」といわれても、「どうしたら感謝する気持ちになれるのか」ということについて、教えてくれる人は少ないのではないでしょうか。

どうしたら感謝できるのかが分からない人に「感謝しなさい」と言っても、どうしようもありませんね。感謝ができない自分はダメ人間だと思って、落《お》ち込《こ》んでしまうかもしれ

ません。

お釈迦《しゃか》さまはこれについて、「知恩《ちおん》」「感恩《かんおん》」「報恩《ほうおん》」の三つを教えられています。**知恩《ちおん》は、恩を知ること。感恩《かんおん》は、恩を感じること。報恩《ほうおん》は、恩に報いることです。**

「恩」という字は、「因」と「心」からできています。言《い》い換《か》えれば、原因を知る心が「恩」なのです。つまり、今の自分が生きているのは、さまざまな人や物のおかげを受けている。それを知るのが恩なのです。

感謝ができないのは、そもそも自分が受けている「おかげ」を知らないからです。自分がいろいろな人や物に支えられていることを知れば、「ありがたいな」「うれしいな」という感謝の心がわいてきます。

だからまず、知恩《ちおん》（自分が支えられていることを知る）が最初です。そうすれば、必ず感恩《かんおん》（感謝の気持ち）がわいてきます。すると、「自分を支えてくれた人のために頑張《がんば》ろう」という気持ちになる。これが報恩《ほうおん》です。

このようにお話しすると、「自分は誰《だれ》からも支えられていない」「してもらったことなんて何もない」と思う人もあるでしょう。

そこで、これに関して、面白い心理学実験の結果をご紹介《しょうかい》します。

アメリカのある心理学者は、四百名の人たちを対象に、こんな研究を行いました。

「人にしてあげた行動」と「人にしてもらった行動」をそれぞれ書き出させたのです。その結果、書き出した行動の比率はなんと、三十五対一でした。

つまり、人間は「してもらったこと」よりも、「してあげたこと」をはるかに覚えている生き物だということです。

ある女性の方から、

「私は彼のためにこんなに尽《つ》くしてきたのに、全然感謝してくれないんです」

という相談を受けました。その彼に、念のため話を聞いてみると、

「どれだけ彼女の愚痴話《ぐちばなし》を聞くために時間と電話代を使っているか。それを全く感謝してくれない」

とぼやいていました。

人間は三十五倍も「してあげたこと」を覚えている生き物ですから、いきなり「感謝しろ」と言われてもできません。感謝できないのは、自分が支えられていることに気づかないからです。それを知れば、誰《だれ》の心にも感謝の心が芽生えます。

だから、お釈迦《しゃか》さまは、まず恩を知るという「知恩《ちおん》」を最初に教えられています。そうすれば必ず、感恩《かんおん》、そして報恩《ほうおん》が続くのです。

日々
人からもらっている
ことを
考えてみよう

笑顔で挨拶
してもらった
我慢して
もらった
感謝
ご飯を
作ってもらった
優しい言葉を
かけてもらった
話を聞いて
もらった
教えて
もらった

3

家族やパートナーに、無愛想になっていませんか？

自分を支えてくれている身近な人こそ大切にしよう

「身近な人になればなるほど、感謝ができない」という相談をよく受けます。身近な人とは、自分の両親や自分の夫・妻、子供、長年つきあっている彼氏・彼女といった人たちのことです。

私たちは、隣近所《となりきんじょ》の住人や会社の上司、取引相手には気を遣《つか》って、丁寧《ていねい》な応対をします。これは嫌《きら》われたくないからですね。

ところが、身近な人になると、簡単なことでは嫌《きら》われない、愛想を尽《つ》かされることはないと甘《あま》えているのか、だんだんものぐさになってきます。お礼や感謝の一言も言わなくなってしまうことがよくあります。「嫌《きら》われていない」「愛されている」という安心感はとても大事なのですが、そこに甘《あま》えてしまうと、家族であってもぎくしゃくしてきます。

お釈迦《しゃか》さまは、親切にすべき相手を三つの田んぼに例えて教えられています。これを「三田《さんでん》」といい、「悲田《ひでん》（本当に困っている人）」「恩田《おんでん》（ご恩を受けている人）」「敬田《きょうでん》（敬《うやま》うに値する人）」の三つになります。

この三田《さんでん》の人たちに親切をすると、何倍にもなって「幸せ」という結果があなたにやってきます。田んぼは、秋になると、春にまいたモミダネとは比較《ひかく》にならないほどたくさんの米が収穫《しゅうかく》できます。だから、お釈迦《しゃか》さまは田んぼに例えられたのです。

中でも恩田《おんでん》とは、ご恩を受けた人ですから、自分を支えてくれている人になります。だから、赤の他人よりも、自分を支えてくれている身近な人を大事にしなさいと教えられています。ところが、私たちは往々にして、その逆になってしまっています。「父母恩重経《ふぼおんじゅうきょう》」という、両親の恩について詳《くわ》しく説かれた仏典にこんな一節があります。

既《すで》にして婦妻《ふさい》を娶《めと》れば、父母《ふぼ》にそむき違《たが》うこと恩無《おんな》き人《ひと》の如《ごと》く、兄弟《きょうだい》を憎《にく》み嫌《きら》うこと怨《うらみ》ある者《もの》の如《ごと》し。

妻《つま》の親族《しんぞく》訪《と》い来《きた》れば、堂《どう》に昇《のぼ》せて饗応《きょうおう》し、室《しつ》に入《い》れて歓晤《かんご》す。

ああ、ああ、衆生顛倒《しゅじょうてんどう》して、親《した》しき者《もの》は却《かえ》りて疎《うと》み、疎《うと》き者《もの》は却《かえ》りて親《した》しむ。

この意味は、結婚《けっこん》して所帯を持つと、両親にはまるで、他人のように接し、兄弟とはケンカした相手のように疎遠《そえん》になる。そのくせ、妻の家族がやってくるとチヤホヤもてなす、ということです。

長い間身近で自分を支えてくれた人は粗末《そまつ》にして、関係ができて日の浅い人をチヤホヤしているのでは、全く逆さまではないでしょうか。

たしかに、両親や夫婦、家族など、身近な人であればあるほど、嫌《いや》な部分も見えてきますから、他人のように距離《きょり》をとって行儀《ぎょうぎ》よく接するのは難しくなります。身近な人だからこそ、「ああしてくれなかった」「こうしてくれなかった」という不満も出てきます。

でも、身近な人とは、時間的にも精神的にも、あなたと最も一緒《いっしょ》にいることが多い人たちです。その身近な人が大事に思えなかったら、あなたはいつも寂《さび》しく苦しい思いをしなければならなくなると思います。

逆に、身近にいてあなたを支えてくれている人を大事にすると、あなたの毎日は感謝の喜びで満たされるのです。

4 親に感謝できないのは、自分が生まれて、生きていることに、喜びがないから

人間関係の悩《なや》みの中で、最も複雑なのは、親子の関係です。

他人なら、どうしてもうまくいかなければ、職場を変えるか引《ひ》っ越《こ》しするか、離《はな》れて暮らすということもできます。夫婦でもどうしようもなくなったら、別れるというのも一つの選択肢《せんたくし》です。ですが、親子関係というのは、どこに行っても親子であることには変わりありませんから、切っても切れない関係です。

親に感謝できない。親への恨《うら》みや憎《にく》しみが忘れられないという悩《なや》みを抱《かか》えている人は少

なくないのではないでしょうか。

親といってもいろんな親がありますから、親に感謝できない、恨《うら》んでいるというのは、親にも問題がある場合も多いです。しかし、お釈迦《しゃか》さまは、「全《すべ》ての人は、親から大変な恩を受けているのだよ」と教えられています。有名な「親の大恩十種」といわれるものですが、その中から、四つ紹介《しょうかい》しましょう。

①懐胎守護《かいたいしゅご》の恩

これは、母親のおなかの中で十月十日、ずっと守ってもらったということです。

激《はげ》しいつわりのために、やせていく人もあります。そんな中、胎児《たいじ》の骨や歯を造るためのカルシウムを、母親の血液から分《わ》け与《あた》え、血液中で足りなくなると、今度は母親の骨を解かしてカルシウムを運ぶといわれます。重病のようになるのも無理はありません。それでも母親は、心を静め行いを慎《つつし》み、子供の成長を願うのです。

②臨生受苦《りんしょうじゅく》の恩

生むに臨みて大変な苦しみを受けるということです。出産の苦しみですね。ある小学校では、鼻の穴からスイカが出るほど大変だと教えていると聞いたことがあります。お産の苦しみを陣痛《じんつう》といいますが、陣《じん》は戦陣《せんじん》というように、戦《いくさ》という意味ですから、女性にとってお産は戦場に臨むようなことなのです。

③生子忘憂《しょうしぼうゆう》の恩

生まれたわが子を見て、これまでの憂《うれ》い苦しみを忘れて、喜んでくれたということです。

私たちの名前には、私たちが生まれてきた時の両親の気持ちや願いが納まっています。美咲、健太、幸恵、直人などなど、どんな人の名前も、幸せになってほしい、まっすぐに育

ってほしいという願いがこもっています。悪夫とか愚痴子という人はいませんね。

④乳哺養育《にゅうほよういく》の恩

生まれたばかりの赤《あか》ん坊《ぼう》は時間を問わずお乳をねだり泣きだします。そのため、赤《あか》ん坊《ぼう》が生まれて間《ま》もなくは、まともに寝《ね》る間《ま》もありません。

このように、おなかの中で守ってもらい、大変な苦しみを乗《の》り越《こ》えて生んでもらった、幸せを願って名前をつけ、寝《ね》る間《ま》もなく養ってもらったからこそ、今、あなたはここにいるのです。

これらの恩は、誰《だれ》もが受けているものなのに、誰《だれ》もが忘れてしまって記憶《きおく》にすらありません。でも、あなたが今、生きているのが動かぬ証拠《しょうこ》なのです。

では、どうして生んで育ててくれた親を恨《うら》んでしまうのでしょうか？

それは、自分自身が生まれて、生きていることを喜べていないからです。「こんなに苦しい人生なら、生まれてこなければよかった」と、生まれてきたことを恨《うら》んでいるから、生んで育ててくれた親に感謝できないのです。反対に、喜びに満ちた人生を歩むことができれば、両親への感謝の心もわいてくるのだ、とお釈迦《しゃか》さまはおっしゃっています。

そして、そのためには「幸せのタネをまいていきなさい」と教えられました。

このお釈迦《しゃか》さまの言葉どおりに、幸せに生きることができたなら、きっと、親子の関係も変わってくることでしょう。

両親がいなければ、私は生まれることはできませんでした。この世に生を受けなければ、「生まれてきてよかった！」という身になることもできません。「親の恩を知りなさい」といわれる理由は、ここにあるのです。

5

一緒に過ごせる時間は、あとどれだけ？

「限りがある」と思えば、相手を自然と大切にできる

私たちは、生涯《しょうがい》でさまざまな人たちと出会います。その中でも、お互《たが》いを好きになってつきあい始めたり、一緒《いっしょ》にいて楽しく思えたり、さらには結婚《けっこん》して一緒《いっしょ》に生きていこうと誓《ちか》い合《あ》ったりする人との出会いは、本当にかけがえのない出会いでしょう。

ところが、一緒《いっしょ》に生活するようになってしばらくたつと、一緒《いっしょ》にいるのが煩《わずら》わしくなったり、退屈《たいくつ》になったり、相手の嫌《いや》なところばかりが目についてきます。

昔は一緒《いっしょ》にいるだけでとても幸せな気持ちになれたのに、なんで一緒《いっしょ》にいるのがストレスになるのだろうと、落《お》ち込《こ》む人も多いようです。

ですが、遅《おそ》かれ早《はや》かれ、どんなカップルにも必ず倦怠期《けんたいき》というものは訪れます。どうして好きで一緒《いっしょ》になったのに、しばらくすると一緒《いっしょ》にいるのが退屈《たいくつ》になったり、苦痛になったりするのでしょうか。

一言でいえば、「慣れ」のせいです。一緒《いっしょ》に過ごす回数や時間が長くなると、相手は完全に自分のものになったと思《おも》い込《こ》みます。相手が一緒《いっしょ》にいるのが当たり前で、自分の元から離《はな》れていくことなんてないだろうと安心して、相手に対して気を遣《つか》わなくなるのです。相手の前でつまらなそうにしたり、身だしなみに無頓着《むとんちゃく》になったり、相手に不満をぶつけたりするようになる。そして、出会った時のトキメキや新鮮《しんせん》さがなくなって、そのまま破局を迎《むか》えることも少なくありません。

お互《たが》いを好きになれるなんてめったにないことなのに、どうしたら出会ったあの時の新《しん》鮮《せん》な気持ちに戻《もど》ることができるのでしょうか。

ここで、出会いと別れについて考えてみましょう。

不思議なもので、人は好きだから一緒《いっしょ》にいられるわけでもなく、嫌《きら》いだから別れられるわけでもありません。

職場の先輩《せんぱい》が嫌《きら》いだといっても、簡単には転職できませんから、忍耐《にんたい》して何年も一緒《いっしょ》に働くこともあります。家族でも、姑《しゅうとめ》（夫の母親）が嫌《いや》でしかたがないけれど、家を出ていくわけにもいかないから、何十年も一緒《いっしょ》に住んで、介護《かいご》までしているという人もいます。人との縁《えん》とは、嫌《きら》いだからといって簡単に切れるものではないのです。

ところが、好きだからといって、ずっと一緒《いっしょ》にいられるものでもありません。お互《たが》い愛し合っているけれど、仕事の失敗、相手や自分の両親の事情などによって、一緒《いっしょ》になることをあきらめざるをえない状況《じょうきょう》だってあります。子供同士でしたら、親友が転校して、別れ別れになってしまうこともあるでしょう。最悪、病気や突然《とつぜん》の事故で死別することもあります。

仏教では、これを「会者定離《えしゃじょうり》」といいます。好きだからといって、ずっと一緒《いっしょ》にいられない。出会ったら、必ず離《はな》れていかなければならない。これがこの世の定めなのだという教えです。

長くつきあったり、一緒《いっしょ》に暮らせば暮らすほど、相手の存在が当たり前に思えてきます。

けれど実はそうではないのです。皆《みな》しばらくの間のご縁《えん》なのです。遅《おそ》いか早いかの違《ちが》いはあるものの、やがて別れがやってきます。

「いて当たり前」と思うから、退屈《たいくつ》になったり、相手に対してぞんざいになったりします。

生涯《しょうがい》で二人が一緒《いっしょ》に過ごせる時間は、あとどれだけなのでしょうか。

「限りがある」ということが分かれば、相手を自然と大切にできるはずです。

いつか必ず
別れはやってくる
かけがえのない時間……

おわりに

お釈迦《しゃか》さまの弟子・アナリツは、目が見えませんでした。

ある日、衣のほころびを縫《ぬ》おうと思って、周囲に呼びかけました。

「誰《だれ》か、善を求めようと思う人は、この針に糸を通してください」

その時、

「ぜひ、私がさせてもらいましょう」

と申し出られたのは、ほかならぬお釈迦《しゃか》さまでした。

アナリツは、その声に驚《おどろ》いて、

「おそれながら、お釈迦《しゃか》さまに、このようなことをお願いすることはできません」

と言うと、

「仏のさとりを開いたからといって、善《よ》いタネまきを、おろそかにしてはいけないのだよ」

と答えられています。

お釈迦《しゃか》さまは、

「善《よ》いタネをまくように心掛《こころが》けなかったら、決して、善《よ》い結果は現れませんよ」

と教えられ、自ら率先して実行されていたのです。

このエピソードを知って、私の仏教観は、大きく変わりました。


平成六年、東京大学の門をくぐった私は、哲学科《てつがくか》の先輩《せんぱい》に紹介《しょうかい》してもらった仏教講演会を聞きに行きました。論理的な話に、数学好きの私もびっくりしました。何より驚《おどろ》いたのが、仏教に「苦しくとも、なぜ生きるのか」の人生の目的が説かれていたことです。そして仏教では、「幸せになるには、幸せのタネまきをしなさい」と教えられていることを知りました。

その時の講師こそ、私の師事する高森顕徹先生《たかもりけんてつせんせい》でした。

以来、高森先生《たかもりせんせい》の講演会があれば参加し、書籍《しょせき》が発行されれば読んで、仏教を一から学ぶようになったのです（高森顕徹先生《たかもりけんてつせんせい》には、百万部を突破《とっぱ》した『光に向かって』シリーズや、ロングセラーとなっている『なぜ生きる』〈監修〉、『歎異《たんに》抄《しょう》をひらく』『親鸞聖人《しんらんしょうにん》の花びら』等の著作があります）。

この本は、そんな私が学んだ仏教のエキスを、皆《みな》さんの人生に役立ててもらいたい、の思いで、執筆《しっぴつ》しました。紹介《しょうかい》した相談例は、全《すべ》て実際にあった内容をベースに、分かりやすく書き直したものです。受けた相談にお答えすることで、私自身がさらに深く学ぶきっかけになりました。

高森顕徹先生《たかもりけんてつせんせい》はじめ、これまでご教示くださった先輩方《せんぱいがた》、相談に来てくださった皆様《みなさま》に感謝し、筆をおきたいと思います。

《カラー写真》 ヒマワリ　　　　提供：アマナイメージズ

〈著者略歴〉

岡本　一志（おかもと　かずし）

昭和51年、愛媛県生まれ。

東京大学理学部数学科中退。

全国各地で年間120回以上の勉強会・講演会を開催する仏教講師。

さまざまな悩み事の相談に乗り、家庭や職場での人間関係から恋愛、勉強のしかたまで、仏教に基づき、明るくアドバイスしている。

実際に受けた相談を元に発行しているメールマガジンは、働く女性、子育て世代に好評を博し、購読者数5,000名を超える。

◉岡本一志公式サイト　http://岡本一志.com/
◉メルマガ「目からウロコの東洋哲学」　http://bukkyouwakaru.com/

〈イラスト〉

太田　知子（おおた　ともこ）

昭和50年、東京都生まれ。

代表作に『子育てハッピーアドバイス』シリーズ等。

著書『子育てハッピーたいむ１』

幸せのタネをまくと、幸せの花が咲く

平成24年(2012) ３月12日　第１刷発行
平成24年(2012) ４月16日　第13刷発行

著　者　岡本　一志
発行所　１万年堂出版
〒101-0052　東京都千代田区神田小川町2-4-5F
電話　03-3518-2126
FAX　03-3518-2127
http://www.10000nen.com/

公式メールマガジン「大切な忘れ物を届けに来ました★１万年堂通信」
上記URLから登録受付中

装幀・デザイン　遠藤 和美
印刷所　凸版印刷株式会社

　ISBN978-4-925253-58-1 C0095

こんな毎日のくり返しに、
どんな意味があるのだろう？

なぜ生きる

高森顕徹 監修
明橋大二（精神科医）
伊藤健太郎（哲学者） 著

生きることは大変です。

「生きる目的」が示されぬまま、ただ苦しみに負けず「生きよ」「がんばれ」「死ぬな」の連呼は、ゴールなき円形トラックをまわりつづけるランナーに、鞭打つようなものでしょう。

生きる目的がハッキリすれば、

勉強も仕事も健康管理もこのためだ、とすべての行為が意味を持ち、心から充実した人生になるでしょう。病気がつらくても、人間関係に落ち込んでも、競争に敗れても、「大目的を果たすため、乗り越えなければ！」と〝生きる力〟が湧いてくるのです。

◎定価1,575円（5％税込）本体1,500円
四六判 上製　368ページ
ISBN4-925253-01-8

大反響！

読者から感動の声続々

●大分県　32歳・女性

生きることの壁にぶつかって停滞していた私に、前向きに生きるエネルギーを与えてくれました。

今までいろいろな人生論を読みましたが、「なぜ生きねばならないのか」という問いに、きちんと答えをくれた本は、この本だけでした。

●大阪府　31歳・男性

この本を読み終わって、「あの時、死なないでよかった」と、つくづく思いました。今までフラフラとしていた思いが、ガチッと固定され、目をそむけずに生きていける自信ができました。このような本を用意してくださり、感謝しています。

●岐阜県　37歳・女性

真剣に読むと、人生が変わる本ですので、また悩んだりし始めたら、読もうと思います。頭がクリアになって、「今、何をすべきか」が見えてきます。

義母と実母にもプレゼントしました。素晴らしい本をありがとうございます。

心をいやし、元気がわく　ショートストーリー100

新装版 光に向かって100の花束

高森顕徹 著

◎定価980円（5%税込）本体933円　四六判
224ページ　ISBN978-4-925253-44-4

大切な忘れ物を届けに来ました

人間関係、仕事の悩み、子供の教育、夫婦仲など、人生を明るくするヒントにあふれる100のショートストーリー集です。

【主な内容】

- かんしゃくの、くの字を捨てて、ただ感謝
- 夫婦はもともと他人である。だからケンカもする
- にこやかな笑顔と明るいあいさつが、世の中を楽しくする
- 一職を軽視する者は、どんな地位におかれても、不平をもつ……秀吉の心がけ
- 温室の花より、寒風に咲く花のほうが、香りが高い
- 難の難　乗り越えてこそ光あり

など

大反響！

読者から感動の声続々

会社の人間関係で悩んだり、イヤな思いをしたりした時、仕事が思うようにいかずに、イライラした時、この本を開いて読んでいるうちに、自分がちっぽけなことで、うじうじ悩んでいることが、バカらしく思えて、また明日から元気出そう！と元気のもとをもらえます。

私の大切な「元気」「勇気」をもらえる本です。ありがとう！

（岐阜県　32歳・女性）

この本を読んでから、日ごろのイライラやストレスがずいぶんなくなりました。今までの暗い気分は何だったんだろうと。よい本にめぐりあえて本当によかったと思います。

（島根県　27歳・男性）

この本は、高校受験という大きな壁を乗り越えるためのアドバイス、そして、これからの自分の人生のためになる言葉ばかりでした。

（三重県　15歳・女子）

『光に向かって』シリーズサイト ▶▶ http://www.hikarini.jp/